Halo! Indonesia!

❶ナシゴレン。焼き飯に目玉焼きが乗っている、インドネシアの定番料理
❷様々な伝統舞踊が有名なバリ。派手な衣装で魅惑的なダンスを踊る
❸バリの市場。多くの人々でにぎわう
❹インドネシアの伝統工芸品と言えばバティック。バティックとは「ろうけつ染め」のことで、大きな布として売られているものもあれば、服として縫製されているものもある
❺インドネシアの自転車タクシー「ベチャ」。今でもジャワ島などでよく見かけられる

Halo! Indonesia!

スマトラ島：
熱帯雨林が広がる三つの国立公園は世界自然遺産に認定されている

マレーシア
Malaysia

シンガポール共和国
Republic of Singapore

カリマンタン

スマトラ島

ジャワ島

バリ島

ロンボク島

ジャワ島：
首都ジャカルタに立つ独立記念塔モナス。内部にはジャカルタ市内が一望できる展望台がある

バリ島：
リゾート地として知られるバリ島。人気のスパはもちろん、伝統舞踊や綺麗なビーチなども有名

カリマンタン：
オランウータンが棲む自然保護区が島内各地にある

スラウェシ島：
赤道直下に浮かぶこの島は、ダイビングスポットとして有名

スラウェシ島

インドネシア共和国
Republic of Indonesia

パプア

ヌサ・トゥンガラ諸島のスンバ島：
スンバ島で行われる伝統行事パソラ。馬に乗った男たちが棒を投げ合う →105ページにコラム！

コモド島　ヌサ・トゥンガラ諸島　**東ティモール共和国**
The Democratic Republic of Timor-Leste

スンバ島

©Nao Nishimiya

ヌサ・トゥンガラ諸島のコモド島：
世界最大のトカゲ、コモドオオトカゲの生息地として知られる

バリ島

Bali

Halo! Indonesia!

▼ウルワトゥ寺院を望む広場で定期的に行われる、男性合唱劇「ケチャ」の様子。男性が輪になり、「チャッチャッ」「チョッチョッ」とサルの鳴き声を真似し、合唱する

▲サーファーの聖地としても知られるバリ島。中心地はクタ&レギャン

©Nao Nishimiya

◀バリ島南部に突き出したバドゥン半島の西端にあるウルワトゥ。断崖の上にはウルワトゥ寺院がある

©Nao Nishimiya

©Nao Nishimiya

▲澄みきった青が広がるビーチはバリ島の大きな魅力

▲海に浮かぶ寺院として有名なタナロット寺院。海の神が祀られており、その化身である蛇が棲みついていると伝えられている

◀バリ島北部にあるブラタン湖の岸辺に浮くウルン・ダヌ・ブラタン寺院

★ 伝統的なバリ舞踊の一つである「レゴン・クラトン」。18〜19世紀頃に生まれた宮廷舞踊で、インドネシア国外でも非常に有名。

Halo! Indonesia!

ボロブドゥール遺跡の高さは 34.5 メートルにまでおよび、
上部にある円壇には釈迦牟尼像が鎮座している
©sribudilestari

ジャワ島

Jawa

▼ジャカルタ市内の様子

▼ジャカルタ中心部にあるカトリック教会・カテドラル。インドネシアにおけるカトリック信仰の中心

◀ジャカルタ北部のファタヒラ広場。ジャカルタ歴史博物館が広場前にある

▶ボロブドゥールとともに1991年に世界文化遺産として登録されたプランバナン寺院群。中心となるロロ・ジョングラン寺院はヒンドゥー教寺院だが、周りには多くの仏教寺院遺跡も残っている

©Nao Nishimiya

▲ジャカルタの東、ジョグジャカルタにある世界文化遺産。世界最大級の仏教寺院遺跡ボロブドゥール

◀ジャワ島東部に位置するブロモ山。火口から望む日の出を見に多くの旅行者が訪れる

◀ジャカルタにあるイスラム教礼拝堂。東南アジアで最大の規模をもつ

Halo! Indonesia!

その他の島々

スラウェシ島、カリマンタン、ロンボク島、スマトラ島
Sulawesi, Kalimantan, Lombok, Sumatera

©Nao Nishimiya

▼カリマンタン南部に位置する古都バンジャルマシンの水上市場。バリト川沿いに栄えたのどかな都で「東洋のベニス」とも呼ばれている

▲スラウェシ島のタナ・トラジャ地方。「トンコナン」と呼ばれる伝統家屋が残る

▲バリ島の隣のロンボク島。白い砂浜に青い海が輝くビーチをもち、穏やかで素朴な雰囲気にあふれている

▶スマトラ島に残るミナンカバウ様式の伝統家屋

★写真提供：インドネシア共和国観光クリエイティブエコノミー省

10フレーズで
楽しいインドネシア旅行を

　まずは読者のみなさんに朗報。インドネシア語は、簡単です！
　なぜって、文字はアルファベットだし、発音もややこしくないし、なにより、インドネシアの人々がフレンドリーで、こちらの言うことに一生懸命耳を傾けてくれるから。照れくささを捨て、どんどんインドネシア語を使ってみてください。なにかちょっと間違って笑われたとしても「笑いがとれてラッキー」くらいの図太さで行きましょう！なにより笑いは、人と人との距離を一気に縮めますからね。

　そのために必要な第一歩は、すべてこの本にあります。まずは10の基本フレーズ。これを頭に入れておきましょう。続いて、旅行の場面に対応した会話文が、各項目のフレーズと言い換え単語でいろいろ作れるように工夫してあります。すぐに使える定番表現や単語もたくさん収録してあるので、必要な場面でどんどん応用してください。

　私がインドネシアを好きな理由のひとつに、なんでもかんでもなにかしらどうにかなっちゃう柔軟性が挙げられます（いい加減とも言う）。つまり、インドネシア語がはじめてのあなたも、この本を手にすれば、なにかしらどうにか会話ができちゃうはずです。
　ぜひそれを身を以て証明し、インドネシア旅行を楽しんでください！

著者

CONTENTS

はじめに　　　　　　　　　　　　　　　　　　　　　　　　　　　　1
本書の使い方　　　　　　　　　　　　　　　　　　　　　　　　　4

出発24時間前編

インドネシア語の基礎知識　　　　　　　　　　　　　　　　　　　6
基本の10フレーズ　　　　　　　　　　　　　　　　　　　　　　8
コミュニケーションに役立つ15の常用フレーズ　　　　　　　　　18
定番応答フレーズ8　　　　　　　　　　　　　　　　　　　　　　19
知っておくと便利な表現　（数字／疑問詞／時刻／時間の長さ／日付／季節／　20
　　　　　　　　　　　　暦の月／曜日／その他の時を表す表現／位置）

場面別会話編

● 機内・空港編 ･････････････････････････････････ 33

機内で	（場所を聞く／乗務員に用事を頼む／機内食を頼む／飲み物を頼む）	34
到着空港で	（入国審査／荷物の受け取り／紛失手荷物の窓口で／税関審査／通貨を両替する）	38
空港から市内へ	（交通機関の場所を聞く／タクシーの運転手に頼む）	46

● 宿泊編 ･････････････････････････････････････ 49

問い合わせ	（客室のタイプ／料金を聞く／施設の有無を聞く）	50
フロントで	（希望を伝える／館内施設の場所を聞く）	53
部屋で	（使いたいと伝える／欲しいと伝える）	57
朝食	（朝食を注文する）	59
トラブル	（故障している）	62
インドネシア語会話コラム1		64

● 飲食編 ･････････････････････････････････････ 65

店を探す	（店を探す）	66

レストランで	（席のリクエストをする／メニューを頼む／料理を注文する／飲み物を注文する／追加で注文する／デザートを注文する／料理の感想を言う）	68
インドネシア語会話コラム2		78

●買い物編 ・・・・・・・・・・・・・・・・・・・・・・・・・・・・・・・・・・・ 79

店を探す	（店を探す／売り場を探す）	80
店内で	（服を買う／デザインについて尋ねる／生地について尋ねる／サイズについて尋ねる／色について尋ねる／かばん・靴を買う／雑貨を買う／アクセサリーを買う／化粧品を買う／文具を買う／日用品を買う／インドネシア土産を買う）	82
市場で	（食材を買う）	97
食料品店で	（食料品を買う）	98
インドネシア語会話コラム3		100

●観光編 ・・・・・・・・・・・・・・・・・・・・・・・・・・・・・・・・・・・・・ 101

観光スポットで	（情報を集める／ツアーについて問い合わせる／希望を伝える／観光スポットを探す）	102
アクティビティを楽しむ	（希望を伝える／用具を借りる）	107
リラックス＆ビューティ	（コースを選ぶ／悩みを伝える）	109
インドネシア語会話コラム4		114

●トラブル編 ・・・・・・・・・・・・・・・・・・・・・・・・・・・・・・・・・ 115

トラブルに直面！	（とっさの一言／助けを呼ぶ／盗難に遭ったとき／紛失したとき／連絡を頼む）	116
病院で	（発症時期を伝える／医者に言われる）	122
インドネシア語会話コラム5		128

●会話編 ・・・・・・・・・・・・・・・・・・・・・・・・・・・・・・・・・・・・・ 129

話のきっかけ	（自己紹介する／趣味について話す／感情を伝える）	130
インドネシア語会話コラム6		136

すぐに使える旅単語集500 ・・・・・・・・・・・ 137

さくいん	163

本書の使い方

　本書は、「出発24時間前」「場面別会話」「すぐに使える旅単語集」の3部構成になっています。

1）出発24時間前編
　本編を始める前に、「基本の10フレーズ」を紹介します。各フレーズについて複数の例文（8文）を載せています。この例文は、「日本語→インドネシア語」の順でCD-1に収録されていますので、音声に続いて繰り返し練習してみましょう。出発24時間前でも間に合いますが、余裕のある人は3日～1週間前から練習すると効果的でしょう。
　CD-1はほかに、「15の常用フレーズ」、「定番応答フレーズ8」、「知っておくと便利な表現」も収録されています。

2）場面別会話編「基本フレーズ＋単語」
　海外旅行のシチュエーションを「機内・空港」「宿泊」「飲食」「買い物」「観光」「トラブル」「会話」の7つに分け、各シチュエーションの基本単語を精選して収録しました。どの単語も基本フレーズと組み合わせて使えるようになっています。

> **CD-1とCD-2の前半には出発24時間前編と場面別会話編の「フレーズ」「言い換え単語」「定番フレーズ」が「日本語→インドネシア語」の順に収録されています。**

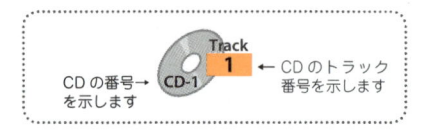

　CDの番号→を示します　**CD-1　Track 1**　←CDのトラック番号を示します

3）巻末付録単語集「すぐに使える旅単語集500」
　旅行でよく使う単語を巻末にまとめました。単語は旅行のシチュエーションごとに分かれているので、旅先で知りたい単語を引くのに便利です。

> **CD-2の後半には巻末単語集が「日本語→インドネシア語→インドネシア語」の順に収録されています。**

出発24時間前編
基本の10フレーズ

基本知識や定番表現をまとめてチェック！

インドネシア語の基礎知識

発音方法

　基本的にインドネシア語の発音は、とても簡単。アルファベットの表記をそのままローマ字のように読めば通じるケースが多いのです。ただし、アルファベットの発音は、英語とは異なります。

CD-1 Track 2

A アー	**B** ベー	**C** チェー	**D** デー	**E** エー	**F** エフ
G ゲー	**H** ハー	**I** イー	**J** ジェー	**K** カー	**L** エル
M エム	**N** エン	**O** オー	**P** ペー	**Q** キー	**R** エル
S エス	**T** テー	**U** ウー	**V** フェー	**W** ウェー	**X** エクス
Y イェー	**Z** ゼッ				

以下、このうち注意すべき発音です。

C ： チェーなので、単語に出てくる場合はチャ、チ、チュ、チェ、チョと読みます。ただし、外来語はその限りではありません（エアコンの AC はアーセー、Coca Cola はコカコーラ）。

E ： 単語の中ではエとしっかり発音する場合と、ウに近いあいまいな発音（発声する際、口は半開き）をする場合の二種類があります。

L ： R との違いに注意。最後に舌を上あごにつける感じで発音します。

M ： エム、と最後に口をしっかり閉じます。

N ： エン、と最後に舌を上あごにつけます。

R ： L との違いに注意。思いっきり巻き舌で。

U ： くちびるをしっかり尖らせて発音します。

インドネシア語と英語

　この本では、インドネシアでも英語を使うことが多い、あるいは英語の方が通じやすい単語について、あえて英語のままでご紹介してあります。例えばサーフィン。インドネシア語では selancar（スランチャール）といいますが、ここでは、surfing（スルフィン）と、英語にしておきました（とはいえ、読み方はインドネシア語らしく、舌を巻く R の発音に近い表記です）。日本語でいえば、「波乗り」を「サーフィン」というような感じでしょうか。

基本の 10 フレーズ

1 ～をください。
Minta ～ .
ミンタ

食事や買い物の際、店員さんに希望を伝えるのに一番便利なフレーズです。

😊 言ってみましょう

Track 3 CD-1

みかんジュースをください。	**Minta es jeruk.** ミンタ　エス　ジュルック
コーヒーをください。	**Minta kopi.** ミンタ　コピ
鶏の唐揚げをください。	**Minta ayam goreng.** ミンタ　アヤム　ゴレン
キャッサバチップスをください。	**Minta keripik singkong.** ミンタ　クリピッ　シンコン
お勘定をしてください。	**Minta bon.** ミンタ　ボン
メニューをください。	**Minta menu.** ミンタ　メヌ
辛いのをください。	**Minta yang pedas.** ミンタ　ヤン　プダス
手助けしてください。	**Minta tolong.** ミンタ　トロン

★ 基本の10フレーズ ★

2 〜が欲しいです。
Saya mau 〜.
サヤ　マウ

Saya mau の後に名詞をつけると「〜が欲しい」という意味になります。

😊 言ってみましょう

ビンタンビールが欲しいです。　　**Saya mau bir Bintang.**
　　　　　　　　　　　　　　　　サヤ　マウ　ビール　ビンタン

ミネラルウォーターが欲しいです。　**Saya mau air mineral.**
　　　　　　　　　　　　　　　　サヤ　マウ　アイル　ミネラル

氷が欲しいです。　　　　　　　　**Saya mau es batu.**
　　　　　　　　　　　　　　　　サヤ　マウ　エス　バトゥ

バスタオルが欲しいです。　　　　**Saya mau handuk mandi.**
　　　　　　　　　　　　　　　　サヤ　マウ　ハンドゥッ　マンディ

トイレットペーパーが欲しいです。　**Saya mau tisu toilet.**
　　　　　　　　　　　　　　　　サヤ　マウ　ティス　トイレッ

ジャワ島の地図が欲しいです。　　**Saya mau peta pulau Jawa.**
　　　　　　　　　　　　　　　　サヤ　マウ　プタ　プラウ　ジャワ

Mサイズが欲しいです。　　　　　**Saya mau ukuran M.**
　　　　　　　　　　　　　　　　サヤ　マウ　ウクラン　エム

赤いのが欲しいです。　　　　　　**Saya mau yang warna merah.**
　　　　　　　　　　　　　　　　サヤ　マウ　ヤン　ワルナ　メラー

3 〜したいです。
Saya mau 〜.
サヤ　マウ

2のフレーズと言い回しは同じですが、Saya mau の後に動詞がつくと「〜がしたい」という意味になります。

言ってみましょう

ナシゴレンが食べたいです。	**Saya mau makan nasi goreng.** サヤ　マウ　マカン　ナシ　ゴレン
アイスティーが飲みたいです。	**Saya mau minum es teh.** サヤ　マウ　ミヌム　エス　テー
お土産を買いたいです。	**Saya mau beli oleh-oleh.** サヤ　マウ　ブリ　オレー　オレー
バリに行きたいです。	**Saya mau pergi ke Bali.** サヤ　マウ　プルギ　ク　バリ
眠りたいです。	**Saya mau tidur.** サヤ　マウ　ティドゥール
チェックアウトしたいです。	**Saya mau check out.** サヤ　マウ　チェッカウツ
両替したいです。	**Saya mau tukar uang.** サヤ　マウ　トゥカール　ウアン
メッセージを託したいです。	**Saya mau titip pesan.** サヤ　マウ　ティティップ　プサン

4 〜してください。
Tolong 〜．
トロン

相手にお願いごとをするときに使う表現です。Tolong のあとに、して欲しいことを付けます。

言ってみましょう

Track 6

スーツケースを運んでください。	**Tolong angkut koper saya.** トロン　アンクッ　コポール　サヤ
少々お待ちください。	**Tolong tunggu sebentar.** トロン　トゥング　スプンタール
ご飯を追加してください。	**Tolong tambahkan nasi putih.** トロン　タンバーカン　ナシ　プティー
タクシーを呼んでください。	**Tolong panggilkan taksi.** トロン　パンギルカン　タクシー
住所を書いてください。	**Tolong tuliskan alamat.** トロン　トゥリスカン　アラマッ
道を教えてください。	**Tolong tunjukkan jalan.** トロン　トゥンジュッカン　ジャラン
写真を撮ってください。	**Tolong ambilkan foto.** トロン　アンビルカン　フォト
私を空港に送ってください。	**Tolong antar saya ke bandara.** トロン　アンタール　サヤ　ク　バンダラ

5 〜が（この近くに）ありますか。
Ada 〜 (di dekat sini) ?
アダ　　　　ディ　　ドゥカッ　　シニ

> 施設や設備を探している時に使える表現です。探しているものの後ろに di dekat sini「この近くに」di hotel ini「このホテルに」など、場所を添えます。

言ってみましょう

郵便局がありますか。	**Ada kantor pos?** アダ　カントール　ポス
ATM がありますか。	**Ada ATM?** アダ　アーテーエム
コンビニがありますか。	**Ada mini market?** アダ　ミニ　マルケッ
書店がありますか。	**Ada toko buku?** アダ　トコ　ブク
フリー WiFi がありますか。	**Ada WIFI gratis?** アダ　ワイファイ　グラティス
スパがありますか。	**Ada spa?** アダ　スパ
プールがありますか。	**Ada kolam renang?** アダ　コラム　ルナン
お手洗いがありますか。	**Ada toilet?** アダ　トイレッ

★ 基本の 10 フレーズ ★

6 ～はありますか。
Ada ～ ?
アダ

5 と同じ言い回しですが、Ada の後にモノの名詞をつけると、お店などで自分の欲しい物があるかどうかを聞く事ができる表現になります。

言ってみましょう

Track CD-1 8

ハガキはありますか。	**Ada kartu pos?** アダ カルトゥ ポス
電池はありますか。	**Ada baterai?** アダ バットゥレ
SIM カードはありますか。	**Ada kartu SIM?** アダ カルトゥ シム
歯磨き粉はありますか。	**Ada pasta gigi?** アダ パスタ ギギ
爪切りはありますか。	**Ada gunting kuku?** アダ グンティン クク
バティック布はありますか。	**Ada kain batik?** アダ カイン バティッ
もっと大きいのはありますか。	**Ada yang lebih besar?** アダ ヤン ルビー ブサール
もっと小さいのはありますか。	**Ada yang lebih kecil?** アダ ヤン ルビー クチル

7 これは〜ですか。
Ini 〜 ?
イニ

> 目の前のものについて聞く時の表現です。Ini は「これ」と言う意味で、それに単語をつけるだけの非常に簡単な言い回しです。「?」を取ると、「これは〜です」という肯定の表現になります。

言ってみましょう

これはインドネシア産ですか。	Ini asli Indonesia? イニ アスリ インドネシア
これは絹ですか。	Ini sutra? イニ ストラ
これはSサイズですか。	Ini ukuran S? イニ ウクラン エス
これは牛肉ですか。	Ini daging sapi? イニ ダギン サピ
これはおいしいですか。	Ini enak? イニ エナッ
これは辛いですか。	Ini pedas? イニ プダス
これは甘いですか。	Ini manis? イニ マニス
これは何ですか。	Ini apa? イニ アパ

★ 基本の 10 フレーズ ★

8 〜してもいいですか。
Boleh saya 〜 ?
ボレー　　サヤ

> 相手に許可を求める表現です。Boleh saya の後に動詞を続けます。

😊 言ってみましょう

Track 10 CD-1

タバコを吸ってもいいですか。	**Boleh saya merokok?** ボレー サヤ ムロコッ
入ってもいいですか。	**Boleh saya masuk?** ボレー サヤ マスッ
見てもいいですか。	**Boleh saya lihat?** ボレー サヤ リハッ
写真を撮ってもいいですか。	**Boleh saya ambil foto?** ボレー サヤ アンビル フォト
試してもいいですか。	**Boleh saya coba?** ボレー サヤ チョバ
かばんを預けてもいいですか。	**Boleh saya titip tas?** ボレー サヤ ティティップ タス
ここに座ってもいいですか。	**Boleh saya duduk di sini?** ボレー サヤ ドゥドゥッ ディ シニ
電話をしてもいいですか。	**Boleh saya telepon?** ボレー サヤ テレポン

15

9 ～はどこですか。
～ di mana?
ディ　マナ

> 場所を聞く時の簡単表現です。聞きたい場所などのあとに di mana をつけるだけです。

😊 言ってみましょう

Track CD-1 11

入口はどこですか。	**Pintu masuk di mana?**　ピントゥ　マスッ　ディ　マナ
出口はどこですか。	**Pintu keluar di mana?**　ピントゥ　クルアール　ディ　マナ
私の座席はどこですか。	**Tempat duduk saya di mana?**　トゥンパッ　ドゥドゥッ　サヤ　ディ　マナ
お手洗いはどこですか。	**Toilet di mana?**　トイレッ　ディ　マナ
コタ駅はどこですか。	**Stasiun Kota di mana?**　スタシウン　コタ　ディ　マナ
窓口はどこですか。	**Loket di mana?**　ロケッ　ディ　マナ
エレベーターはどこですか。	**Lift di mana?**　リフ　ディ　マナ
ジムはどこですか。	**Gym di mana?**　ジム　ディ　マナ

10 何時に〜ですか。
Jam berapa 〜 ?
ジャム　　プラパ

> うしろに動詞をつけて、何かが行われる時刻を尋ねる表現になります。

😊 言ってみましょう

何時に開きますか。	**Jam berapa buka?** ジャム　プラパ　ブカ
何時に閉めますか。	**Jam berapa tutup?** ジャム　プラパ　トゥトゥップ
何時に着きますか。	**Jam berapa sampai?** ジャム　プラパ　サンパイ
何時に集合ですか。	**Jam berapa berkumpul?** ジャム　プラパ　ブルクンプル
何時に出発ですか。	**Jam berapa berangkat?** ジャム　プラパ　ブランカッ
何時にホテルに戻りますか。	**Jam berapa kembali ke hotel?** ジャム　プラパ　クンバリ　ク　ホテル
何時に始まりますか。	**Jam berapa mulai?** ジャム　プラパ　ムライ
何時に終わりますか。	**Jam berapa selesai?** ジャム　プラパ　スルサイ

コミュニケーションに役立つ 15の常用フレーズ

基本の10フレーズのほかに覚えておきたい、あいさつや便利なフレーズです。このまま覚えて実際に使ってみましょう。

😊 言ってみましょう

Track CD-1 13

① おはようございます（朝10時くらいまで）。
Selamat pagi.
スラマッ　パギ

② こんにちは（午後3時くらいまで）。
Selamat siang.
スラマッ　シアン

③ こんにちは（午後6時くらいまで）。
Selamat sore.
スラマッ　ソレ

④ こんばんは。
Selamat malam.
スラマッ　マラム

⑤ さようなら（自分が出かける場合）。
Selamat tinggal.
スラマッ　ティンガル

⑥ さようなら（自分が残る場合）。
Selamat jalan.
スラマッ　ジャラン

⑦ ありがとうございます。
Terima kasih.
テリマ　カシー

⑧ ごめんなさい。
Saya minta maaf.
サヤ　ミンタ　マアフ

⑨ すみません／失礼します。
Permisi.
プルミシ

⑩ わかりません。
Saya tidak mengerti.
サヤ　ティダッ　ムングルティ

⑪ ここに書いてください。
Tolong tulis di sini.
トロン　トゥリス ディ　シニ

⑫ ちょっと待ってください。
Tunggu sebentar.
トゥング　スブンタール

⑬ いくらですか。　　　　　　**Berapa harganya?**
　　　　　　　　　　　　　　　ブラパ　　　ハルガニャ

⑭ ゆっくり話してください。　**Tolong bicara pelan-pelan.**
　　　　　　　　　　　　　　　トロン　　ビチャラ　　プラン　　プラン

⑮ また会いましょう。　　　　**Sampai jumpa lagi.**
　　　　　　　　　　　　　　　サンペ　　ジュンパ　　ラギ

定番応答フレーズ8

返事や応答でよく使う、基本的なフレーズです。知っておくと会話がスムーズに進みます。

言ってみましょう

Track 14 / CD-1

① はい。　　　　　　　**Ya.**
　　　　　　　　　　　　ヤ

② いいえ。　　　　　　**Tidak.**
　　　　　　　　　　　　ティダッ

③ いいえ、まだです。　**Belum.*** 　　　＊「まだ〜していない」はBelum
　　　　　　　　　　　　ブルム　　　　　「ご飯食べた？」「結婚してる？」などの質問
　　　　　　　　　　　　　　　　　　　　に「いいえ、まだです」と、これからする可
④ はい、その通りです。**Ya, betul.**　　能性がある質問に答えるときに使います。
　　　　　　　　　　　　ヤ　　ブトゥル

⑤ どういたしまして。　**Sama-sama.**
　　　　　　　　　　　　サマ　　サマ

⑥ 大丈夫です。　　　　**Tidak apa-apa.**
　　　　　　　　　　　　ティダッ　アパ　アパ

⑦ 要りません。　　　　**Tidak usah.**
　　　　　　　　　　　　ティダッ　ウサー

⑧ いいですよ。　　　　**Boleh.**
　　　　　　　　　　　　ボレー

知っておくと便利な表現

① 数字

数字は、買い物で値段を聞いたり、乗り物の時刻を確認したりなど、旅行で多く使われます。特に値段の場合、まだ慣れていないと、ルピアの金額のゼロの多さに戸惑いがちです。ここでは、大きい数字の言い方もご紹介します。

0	nol ノル			
1	satu サトゥ	11	sebelas スプラス
2	dua ドゥア	12	dua belas ドゥア プラス
3	tiga ティガ	13	tiga belas ティガ プラス
4	empat ウンパッ	14	empat belas ウンパッ プラス
5	lima リマ	15	lima belas リマ プラス
6	enam ウナム	16	enam belas ウナム プラス
7	tujuh トゥジュー	17	tujuh belas トゥジュ プラス
8	delapan ドゥラパン	18	delapan belas ドゥラパン プラス
9	sembilan スンビラン	19	sembilan belas スンビラン プラス
10	sepuluh スプルー	20	dua puluh ドゥア プルー

★ 知っておくと便利な表現 ★

21	**dua puluh satu** ドゥア プルー サトゥ	1,000	**seribu** スリブ
22	**dua puluh dua** ドゥア プルー ドゥア	2,000	**dua ribu** ドゥア リブ
30	**tiga puluh** ティガ プルー	2,014	**dua ribu empat belas** ドゥア リブ ウンパッ プラス
40	**empat puluh** ウンパッ プルー	10,000	**sepuluh ribu** スプルー リブ
50	**lima puluh** リマ プルー	15,000	**lima belas ribu** リマ プラス リブ
60	**enam puluh** ウナム プルー	20,000	**dua puluh ribu** ドゥア プルー リブ
70	**tujuh puluh** トゥジュ プルー	100,000	**seratus ribu** スラトゥス リブ
71	**tujuh puluh satu** トゥジュ プルー サトゥ	170,000	**seratus tujuh puluh ribu** スラトゥス トゥジュ プルー リブ
72	**tujuh puluh dua** トゥジュ プルー ドゥア	185,000	**seratus delapan puluh lima ribu** スラトゥス ドゥラパン プルー リマ リブ
80	**delapan puluh** ドゥラパン プルー	1,000,000	**satu juta** サトゥ ジュタ
81	**delapan puluh satu** ドゥラパン プルー サトゥ	10,000,000	**sepuluh juta** スプルー ジュタ
90	**sembilan puluh** スンビラン プルー	100,000,000	**seratus juta** スラトゥス ジュタ
100	**seratus** スラトゥス		
200	**dua ratus** ドゥア ラトゥス		

② 疑問詞

Apa（何）
アパ

何色ですか。 Apa warnanya?
              アパ　ワルナニャ

あの建物の名前は何ですか。 Apa nama gedung itu?
                            アパ　ナマ　グドゥン　イトゥ

Di mana（どこに／どこで）
ディ　マナ

どこにそのお店はありますか。 Di mana ada toko itu?
                               ディ　マナ　アダ　トコ　イトゥ

一番きれいなビーチはどこですか。 Di mana pantai yang paling bagus?
                                  ディ　マナ　パンタイ　ヤン　パリン　バグス

Dari mana（どこから）
ダリ　マナ

どこから来ましたか。 Dari mana?
                      ダリ　マナ

このバティックの産地はどこですか。 Dari mana batik ini berasal?
                                    ダリ　マナ　バティッ イニ　ブルアサル

Ke mana（どこへ）
ク　マナ

どこへ行きますか。 Ke mana?
                    ク　マナ

あの人はどこへ行ったのですか。 Ke mana orang itu pergi?
                                ク　マナ　オラン　イトゥ　プルギ

Siapa（誰）
シアパ

あなたの名前は何ですか。 Siapa nama Anda?
                          シアパ　ナマ　アンダ

これは誰のかばんですか。 Ini tas siapa?
                          イニ　タス　シアパ

✻ 知っておくと便利な表現 ✻

Kapan（いつ）
カパン

いつ出発ですか。

日本に来る予定はいつですか。

Kapan berangkat?
カパン　　ブランカッ

Kapan rencana ke Jepang?
カパン　ルンチャナ　ク　ジパン

Bagaimana（どのように）
バゲマナ

どのような方法ですか。

波の様子はどうですか。

Bagaimana caranya?
バゲマナ　　チャラニャ

Bagaimana kondisi ombak?
バゲマナ　コンディシ　オンバッ

Kenapa（なぜ）
クナパ

なぜまだチェックインできないのですか。

なぜ写真を撮ってはいけないのですか。

Kenapa belum bisa check-in?
クナパ　　ブルム　ビサ　チェッキン

Kenapa tidak boleh foto?
クナパ　ティダッ　ボレー　フォト

Berapa（いくつ）
ブラパ

バリには何日滞在しますか。

何人ですか。

Berapa hari tinggal di Bali?
ブラパ　ハリ　ティンガル ディ バリ

Berapa orang?
ブラパ　オラン

Berapa（いくら）
ブラパ

値段はいくらですか。

チケット代はいくらですか。

Berapa harganya?
ブラパ　　ハルガニャ

Berapa harga tiket?
ブラパ　ハルガ　ティケッ

③ 時刻

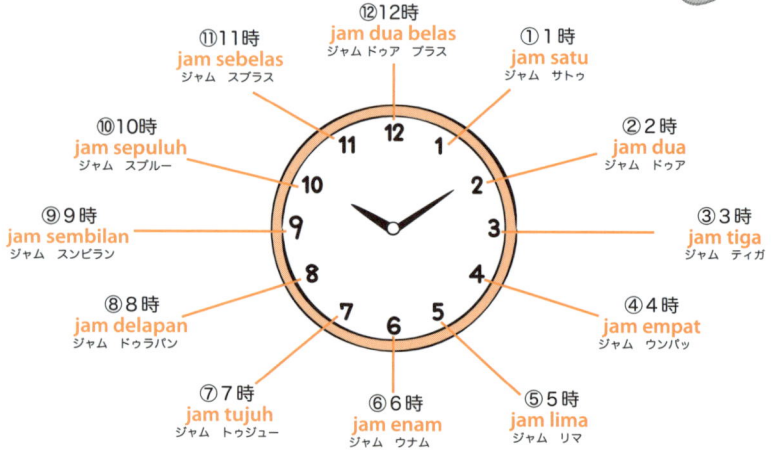

- ⑫ 12時 **jam dua belas** ジャム ドゥア ブラス
- ⑪ 11時 **jam sebelas** ジャム スブラス
- ⑩ 10時 **jam sepuluh** ジャム スプルー
- ⑨ 9時 **jam sembilan** ジャム スンビラン
- ⑧ 8時 **jam delapan** ジャム ドゥラパン
- ⑦ 7時 **jam tujuh** ジャム トゥジュー
- ⑥ 6時 **jam enam** ジャム ウナム
- ⑤ 5時 **jam lima** ジャム リマ
- ④ 4時 **jam empat** ジャム ウンパッ
- ③ 3時 **jam tiga** ジャム ティガ
- ② 2時 **jam dua** ジャム ドゥア
- ① 1時 **jam satu** ジャム サトゥ

| 今、何時ですか。 | **Jam berapa sekarang?** ジャム ブラパ スカラン |

1時10分
jam satu lewat sepuluh menit
ジャム サトゥ レワッ スプルー ムニッ

1時30分
（2時の30分前という言い回し）
jam setengah dua
ジャム ストゥンガー ドゥア

1時30分
（1時30分過ぎという言い回し）
jam satu lewat tiga puluh menit
ジャム サトゥ レワッ ティガ プルー ムニッ

1時45分
（2時の15分前という言い回し）
jam dua kurang lima belas menit
ジャム ドゥア クラン リマ ブラス ムニッ

1時45分
（1時45分過ぎという言い回し）
jam satu lewat empat puluh lima menit
ジャム サトゥ レワッ ウンパッ プルー リマ ムニッ

★ 知っておくと便利な表現 ★

朝	**pagi** パギ	
昼	**siang** シアン	
夕方	**sore** ソレ	
夜	**malam** マラム	
午前8時	**jam delapan pagi** ジャム ドゥラパン パギ	
午後8時	**jam delapan malam** ジャム ドゥラパン マラム	
昼12時	**jam dua belas siang** ジャム ドゥア ブラス シアン	
昼2時	**jam dua siang** ジャム ドゥア シアン	
夕方4時	**jam empat sore** ジャム ウンパッ ソレ	
朝4時	**jam empat pagi** ジャム ウンパッ パギ	

④ 時間の長さ

1秒	**satu detik** サトゥ ドゥティッ
1分	**satu menit** サトゥ ムニッ
30分（半時間）	**setengah jam** ストゥンガー ジャム
1時間	**satu jam** サトゥ ジャム
1時間半	**satu setengah jam** サトゥ ストゥンガー ジャム
半日	**setengah hari** ストゥンガー ハリ
1日	**satu hari** サトゥ ハリ
1週間	**satu minggu** サトゥ ミング
1カ月	**satu bulan** サトゥ ブラン
1年	**satu tahun** サトゥ タフン

⑤ 日付

インドネシア語で年月日を表す時は、日、月、年の順になります。

1月1日	**tanggal satu Januari**
	タンガル　サトゥ　ジャヌアリ
6月8日	**tanggal delapan Juni**
	タンガル　ドゥラパン　ジュニ

年号の読み方は数詞の読み方と同じです。

1980年	**tahun seribu sembilan ratus delapan puluh**
	タフン　スリブ　スンビラン　ラトゥス　ドゥラパン　プルー
2015年1月1日	**tanggal satu Januari tahun dua ribu lima belas**
	タンガル　サトゥ　ジャヌアリ　タフン　ドゥア　リブ　リマ　ブラス

⑥ 季節

季節	**musim** ムシム
雨期	**musim hujan** ムシム フジャン
乾期	**musim kemarau** ムシム クマラウ
ドリアンの季節	**musim duren** ムシム ドゥレン
春	**musim semi** ムシム スミ
夏	**musim panas** ムシム パナス
秋	**musim gugur** ムシム ググール
冬	**musim dingin** ムシム ディンギン

★知っておくと便利な表現★

⑦ 暦の月

1月	**Januari** ジャヌアリ	7月	**Juli** ジュリ
2月	**Februari** フェブルアリ	8月	**Agustus** アグストゥス
3月	**Maret** マレッ	9月	**September** セプテンブル
4月	**April** アプリル	10月	**Oktober** オクトーブル
5月	**Mei** メイ	11月	**November** ノフェンブル
6月	**Juni** ジュニ	12月	**Desember** デセンブル

雨期と乾期

　インドネシアにはドリアンの季節、ランブータンの季節、マンゴスチンの季節などなど、数えきれないほどの季節があります。…と、いうのはインドネシア風ジョーク。実際は、乾期と雨期だけです。ここのところ異常気象なのか、もうとっくに雨期のはずなのになかなか雨が降らない、乾期のはずなのに大雨が降るなどということがよくありますが、だいたい乾期は4月から9月、雨期は10月から3月くらいまでというのが目安です。

⑧ 曜日

月曜日	**Hari Senin** ハリ　スニン
火曜日	**Hari Selasa** ハリ　スラサ
水曜日	**Hari Rabu** ハリ　ラブ
木曜日	**Hari Kamis** ハリ　カミス
金曜日	**Hari Jumat** ハリ　ジュマッ
土曜日	**Hari Sabtu** ハリ　サブトゥ
日曜日	**Hari Minggu** ハリ　ミング

⑨ その他の時を表す表現

今	sekarang（スカラン）
さっき	tadi（タディ）
あとで	nanti（ナンティ）
今日	hari ini（ハリ イニ）
昨日	kemarin（クマリン）
明日	besok（ベソッ）
あさって	besok lusa（ベソッ ルサ）
今週	minggu ini（ミング イニ）
来週	minggu depan（ミング ドゥパン）
今月	bulan ini（ブラン イニ）
来月	bulan depan（ブラン ドゥパン）
今年	tahun ini（タフン イニ）
去年	tahun lalu（タフン ラル）
来年	tahun depan（タフン ドゥパン）
〜日前	〜 hari yang lalu（ハリ ヤン ラル）
〜日後	〜 hari lagi（ハリ ラギ）

⑩ 位置

前	**depan** ドゥパン
後ろ	**belakang** ブラカン
右	**kanan** カナン
左	**kiri** キリ
上	**atas** アタス
下	**bawah** バワー
中	**dalam** ダラム
外	**luar** ルアール
横	**samping** サンピン

機内・空港編

　飛行機に乗ったときから心はもうインドネシア。機内での会話をインドネシア語でしてみましょう。そして、空港に降り立つと同時に感じる熱気と丁字たばこの香り。入国審査を済ませたら、まずは最初の目的地までの移動です。さあ、旅のはじまりはじまり！

機内で

場所を聞く

1. （搭乗券を見せながら）この席はどちら側ですか。

Tempat duduk ini di sebelah mana?
トゥンパッ　ドゥドゥッ　イニ　ディ　スブラー　マナ

言い換え

お手洗い	Toilet／トイレッ
非常口	Pintu darurat／ピントゥ　ダルラッ

乗務員に用事を頼む

2. 毛布をいただけますか。

Bisa saya minta selimut?
ビサ　サヤ　ミンタ　スリムッ

言い換え

日本の新聞	koran Jepang／コラン　ジパン
日本の雑誌	majalah Jepang／マジャラー　ジパン
枕	bantal／バンタル
ヘッドフォン	headphone／ヘッフォン
税関申告書	pemberitahuan pabean／プンブリタフアン　パベアン
出入国カード	kartu imigrasi／カルトゥ　イミグラシ

機内で

機内食を頼む

3 魚をお願いします。
Saya minta ikan.
サヤ　ミンタ　イカン

言い換え

鶏（肉）	ayam アヤム
牛（肉）	sapi サピ
子供向け	makanan untuk anak-anak マカナン　ウントゥッ　アナッアナッ

出発にあたって

インドネシアに入国する際に大事なのは、(1)パスポートの残存有効期間が6ヶ月以上あること、(2)査証欄の空白が連続して3ページ以上あること、の2点です。しっかり自分で確認のうえ、出発しましょう。

飲み物を頼む

4 ミネラルウォーターをください。

Saya minta air mineral.
サヤ　ミンタ　アイル　ミネラル

言い換え

オレンジジュース	**jus orange** ジュス　オレンジ
ビール	**bir** ビール
白ワイン	**anggur putih** アングール　プティー
赤ワイン	**anggur merah** アングール　メラー
紅茶	**teh** テー
緑茶	**ocha** オチャ
コーヒー	**kopi** コピ
コーラ	**Coca Cola** コカ　コラ
氷	**es batu** エス　バトゥ
もう1杯	**satu lagi** サトゥ　ラギ

機内で

機内で使う定番フレーズ

Track 29 CD-1

すみません。 （呼びかけ／通してほしいとき）	Permisi. プルミシ
荷物の場所がありません。	Tidak ada tempat untuk barang saya. ティダッ アダ トゥンパッ ウントゥッ バラン サヤ
席を移ってもいいですか。	Boleh saya pindah tempat duduk? ボレー サヤ ピンダー トゥンパッ ドゥドゥッ
寒いです。	Saya kedinginan. サヤ クディンギナン
毛布をもう1枚ください。	Minta selimut satu lagi. ミンタ スリムッ サトゥ ラギ
枕をもう1つください。	Minta bantal satu lagi. ミンタ バンタル サトゥ ラギ
気分が良くありません。	Saya merasa kurang enak badan. サヤ ムラサ クラン エナッ バダン
頭が痛いです。	Kepala saya sakit. クパラ サヤ サキッ
スクリーンの調子が悪いです。	Kondisi layarnya kurang baik. コンディシ ラヤールニャ クラン バイッ
ヘッドフォンを交換してください。	Tolong tukar headphone. トロン トゥカール ヘッフォン
読書灯の調子が悪いです。	Kondisi lampu bacanya kurang baik. コンディシ ランプ バチャニャ クラン バイッ
リモコンの調子が悪いです。	Kondisi remotenya kurang baik. コンディシ レモッニャ クラン バイッ
ワインをこぼしてしまいました。	Anggurnya tumpah. アングールニャ トゥンパー
今お手洗いに行っていいですか。	Boleh saya ke toilet sekarang? ボレー サヤ ク トイレッ スカラン
座席を倒してもいいですか。	Boleh saya sandarkan tempat duduk? ボレー サヤ サンダールカン トゥンパッ ドゥドゥッ

到着空港で

入国審査

1. 到着ビザの窓口はどこですか。

Di mana loket Visa on Arrival?
ディ マナ ロケッ フィサ オン アライファル

言い換え:
国内乗り換えをするところ : **tempat transit penerbangan domestik**
トゥンパッ トランシッ プヌルバンガン ドメスティッ

2. 観光のためです。（入国目的を問われたとき）

Perjalanan wisata.
プルジャラナン ウィサタ

言い換え:

仕事です : **Perjalanan dinas.**
プルジャラナン ディナス

留学です : **Sekolah.**
スコラー

家族に会います : **Bertemu dengan keluarga.**
ブルトゥム ドゥンガン クルアルガ

ビザについて

　滞在が30日以内の観光客はビザが不要です。商用訪問などの場合、到着ビザ（Visa on Arrival）を空港の窓口で手続きしてください。料金は30日間35ドル（2017年9月2日時点）。30日間有効で、それを超える場合はインドネシア国内の出入国管理事務所にて1回だけ延長が可能です。規定が変更することもあるので、詳しくは渡航前に在インドネシア日本国大使館のウェブサイトでご確認ください。

到着空港で

③ 1週間です。（滞在期間を問われたとき）

Satu minggu.
サトゥ　ミング

言い換え	3日間	**Tiga hari** ティガ　ハリ
	10日間	**Sepuluh hari** スプルー　ハリ
	2週間	**Dua minggu** ドゥア　ミング
	1カ月	**Satu bulan** サトゥ　ブラン

④ プルマンホテルです。（滞在先を問われたとき）

Di Hotel Pullman.
ディ　ホテル　プルマン

言い換え	寮	**asrama** アスラマ
	友人の家	**rumah teman** ルマー　トゥマン
	親戚の家	**rumah saudara** ルマー　ソーダラ

5 私は公務員です。(職業を問われたとき)

Saya pegawai negeri.
サヤ　プガワイ　ヌグリ

言い換え

会社員	**karyawan swasta** カルヤワン　スワスタ
自営業	**wiraswasta** ウィラスワスタ
学生	**mahasiswa** マハシスワ
医者	**dokter** ドクトゥル
専業主婦	**ibu rumah tangga** イブ　ルマー　タンガ
教師	**guru** グル
定年退職者	**pensiunan** ペンシウナン
無職	**tidak bekerja** ティダッ　ブクルジャ

到着空港で

[荷物の受け取り]

6 荷物受取所はどこですか。

Di mana tempat pengambilan bagasi?
ディ マナ トゥンパッ プンガンビラン バガシ

言い換え

GA885便の ターンテーブル	**tempat pengambilan bagasi** トゥンパッ プンガンビラン バガシ **untuk pesawat GA 8 8 5** ウントゥッ プサワッ ゲーアードゥラパンドゥラパンリマ
紛失手荷物窓口	**loket kehilangan barang** ロケッ クヒランガン バラン
カート	**troli** トローリ

ポーターについて

　ターンテーブル付近にはカートを持ったポーターたちが多くいて、積極的に「お荷物お持ちしましょう！」とアプローチしてきます。これまでは非常に高い言い値で旅行者を悩ませていましたが、2015年8月からジャカルタのスカルノハッタ空港では荷物1つにつき20,000ルピア、カート1つにつき50,000ルピア（荷物は3つまで）と料金が規定されました。必要ある場合は料金どおり支払い、必要ない場合はきっぱりと「必要ありません（tidak usah）」と断ってください。スカルノハッタ空港のポーターは、背中に「チップは不要」と書かれた青い制服を着ています。

[紛失手荷物の窓口で]

7 黒いスーツケースです。

Koper warna hitam.
コポール　ワルナ　ヒタム

言い換え		
	青色の	**warna biru** ワルナ　ビル
	シルバーの	**warna silver** ワルナ　シルファル
	赤い	**warna merah** ワルナ　メラー
	大きい	**yang besar** ヤン　ブサール
	中くらいの	**yang sedang** ヤン　スダン
	小さい	**yang kecil** ヤン　クチル
	革製の	**yang terbuat dari kulit** ヤン　トゥルブアッ　ダリ　クリッ

到着空港で

税関検査

8 ウイスキーを1本持っています。（申告について問われたとき）

Saya punya satu botol wiski.
サヤ　　プニャ　　サトゥ　　ボトル　　ウィスキ

言い換え

日本酒1本	satu botol sake サトゥ　ボトル　サケ
ワイン2本	dua botol anggur ドゥア　ボトル　アングール
タバコ1カートン	satu karton rokok サトゥ　カルトン　ロコッ
50万円	lima ratus ribu yen リマ　ラトゥス　リブ　イェン

9 日用必需品です。（持ち物について問われたとき）

Ini kebutuhan sehari-hari.
イニ　　クブトゥハン　　スハリ　　ハリ

言い換え

お土産	oleh-oleh オレー　オレー
日本のお菓子	kue Jepang クエ　ジパン
処方薬	obat resep dokter オバッ　レセップ　ドクトゥル
化粧品	kosmetik コスメティッ

[通貨を両替する]

10 両替所はどこですか。

Di mana money changer?
ディ　マナ　マニー　チェンジャル

言い換え
銀行　　　　　　　　bank
　　　　　　　　　　バン

11 ルピアに交換してください。
（ここでは「ルピアを買いたい」という表現）

Saya mau beli Rupiah.
サヤ　マウ　ブリ　ルピア

言い換え
日本円　　　　　　　Yen Jepang
　　　　　　　　　　イェン　ジパン

シンガポールドル　　Dolar Singapura
　　　　　　　　　　ドラール　シンガプラ

米ドル　　　　　　　Dolar Amerika
　　　　　　　　　　ドラール　アメリカ

12 領収書をください。

Minta kuitansi.
ミンタ　クイタンシ

言い換え
小銭　　　　　　　　uang receh
　　　　　　　　　　ウアン　レチェー

5万ルピア札　　　　uang lima puluh ribuan
　　　　　　　　　　ウアン　リマ　プルー　リブアン

到着空港で

空港の単語

Track 42 CD-1

① ターンテーブル
tempat pengambilan bagasi
トゥンパッ ブンガンビラン バガシ

② 入国審査
imigrasi
イミグラシ

③ パスポート
paspor
パスポール

④ 案内所
tempat informasi
トゥンパッ インフォルマシ

⑪ スーツケース
koper
コポール

⑩ 乗り継ぎ
transit
トランシッ

⑨ 紛失手荷物窓口
loket kehilangan barang
ロケッ クヒランガン バラン

⑤ 税関
pabean
パベアン

⑧ 両替所
money changer
マニー チェンジャル

⑦ カート
troli
トローリ

⑥ チェックインカウンター
counter check-in
コントゥール チェッキン

機内・空港編 / 宿泊編 / 飲食編 / 買い物編 / 観光編 / トラブル編 / 会話編 / 旅単語集

45

空港から市内へ

交通機関の場所を聞く

1. タクシー乗り場はどこですか。

Taksi stand di mana?
タクシー　ステン　ディ　マナ

言い換え

ダムリバス*乗り場 *空港連絡バス	Tempat naik bus DAMRI トゥンパッ　ナイク　ブス　ダムリ
トラベル*のカウンター *バンドン等の近郊に行くミニバス	Counter travel コントゥール　トラフェル
レンタカーのカウンター	Counter mobil rental コントゥール　モビル　レンタル

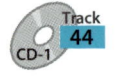

2. ガンビル駅行きのバスはありますか。

Ada bus tujuan Stasiun Gambir?
アダ　ブス　トゥジュアン　スタシウン　ガンビル

言い換え

スディルマン	Sudirman スディルマン
ブロック M	Blok M ブロッ　エム
ボゴール	Bogor ボゴール
バンドン	Bandung バンドゥン

タクシーの運転手に頼む

3 トランクを開けてください。

Tolong bukakan bagasinya.
トロン　　ブカカン　　バガシニャ

言い換え

ここに行って	ke sini　クシニ
もっとゆっくり走って	jalan lebih pelan　ジャラン　ルビー　プラン
ここで停めて	stop di sini　ストップ ディ シニ
エアコンを弱くして	kecilkan AC-nya　クチルカン　アーセー　ニャ
ラジオを消して	matikan radionya　マティカン　ラディオニャ

安全なタクシー

　空港を出たところで「タクシー、タクシー」と寄ってくる私服の白タク業者には気をつけてください。空港内にあるタクシーカウンターで行き先を告げ、料金表に基づき窓口で払うか、ジャカルタの場合は、タクシースタンドで並んでメーター式タクシーに乗ってください。ターミナルによってはタッチスクリーン式の番号札を取ってスタンドで順番を待つ方式になっています。ジャカルタでは、ブルーバードというタクシー会社がもっともよいと言われています。

タクシーに乗る時の定番フレーズ

4人乗れますか。	**Muat empat orang?** ムアッ ウンパッ オラン
この住所に行ってください。	**Tolong ke alamat ini.** トロン ク アラマッ イニ
渋滞ですね。	**Macet ya.** マチェッ ヤ
あとどのくらい時間がかかりそうですか。	**Kira-kira berapa lama lagi?** キラ キラ ブラパ ラマ ラギ
いくらですか。	**Berapa?** ブラパ
ありがとう。おつりはいりません。	**Terima kasih. Kembaliannya tidak usah.** テリマ カシー クンバリアンニャ ティダッ ウサー

宿泊編

　ジャカルタやバリ島のホテルではたいてい英語が通じますが、地方では英語もうまく通じないことがあります。このコーナーの単語やフレーズを使って、用件をインドネシア語で伝えましょう。

問い合わせ

客室のタイプ

1 ツインルームをお願いします。

Saya mau kamar twin.
サヤ　マウ　カマール　トゥイン

言い換え

シングルルーム	**single** シングル
ダブルルーム	**dengan double bed** ドゥンガン　ドブゥ　ベッ
隣接した部屋	**connecting** コネクティン
禁煙ルーム	**non smoking** ノン　スモーキン
喫煙ルーム	**smoking** スモーキン
町が見える部屋	**dengan pemandangan kota** ドゥンガン　プマンダンガン　コタ
海が見える部屋	**dengan pemandangan laut** ドゥンガン　プマンダンガン　ラウッ
庭が見える部屋	**dengan pemandangan kebun** ドゥンガン　プマンダンガン　クブン
山が見える部屋	**dengan pemandangan gunung** ドゥンガン　プマンダンガン　グヌン
バスタブ付きの部屋	**dengan bath tub** ドゥンガン　ベッ　タップ
シャワー付きの部屋	**dengan shower** ドゥンガン　ショウェール
一番安い部屋	**yang paling murah** ヤン　パリン　ムラー

問い合わせ

料金を聞く

2 1泊あたりいくらですか。
Satu malamnya berapa?
サトゥ　マラムニャ　ブラパ

言い換え

エキストラベッド	**Extra bednya** エクストラ　ベッニャ
朝食	**Sarapannya** サラパンニャ
1人あたり	**Per orangnya** プル　オランニャ

チップについて

　基本的にチップは必要ありません。「Terima kasih（ありがとう）」の言葉と、スマイルで十分。ただし、ポーターや客室係などから特別によくしてもらったと感じたときは、感謝の気持ちとして1万から2万ルピア程度渡すとよいと思います。

[施設の有無を聞く]

3 ジムはありますか。

Ada gym?
アダ ジム

言い換え

レストラン	restoran (レストラン)
プール	kolam renang (コラム ルナン)
スパ	spa (スパ)
サウナ	sauna (サウナ)
ラウンジ	lounge (ラウンジ)
キッズコーナー	tempat bermain anak-anak (トゥンパッ プルマイン アナッ アナッ)
ビジネスセンター	business center (ビスニス セントゥル)
会議室	ruang meeting (ルアン ミーティン)

フロントで

[希望を伝える]

1 チェックインしたいです。

Saya mau check-in.
サヤ　マウ　チェッキン

言い換え

チェックアウトする	check-out（チェッカウッ）
予約する	booking（ブッキン）
キャンセルする	batalkan（バタルカン）
インターネットを使う	pakai internet（パケ　イントゥルネッ）
ファックスを送る	kirim fax（キリム　フェックス）
部屋を替える	ganti kamar（ガンティ　カマール）
日本に電話をする	telepon ke Jepang（テレポン　ク　ジパン）
現金で支払う	bayar dengan uang tunai（バヤール　ドゥンガン　ウアン　トゥナイ）
クレジットで支払う	bayar dengan kartu kredit（バヤール　ドゥンガン　カルトゥ　クレディッ）
もう1泊する	menginap satu malam lagi（ムンイナップ　サトゥ　マラム　ラギ）
予定より早く発つ	berangkat lebih awal dari rencana semula（ブランカッ　ルビー　アワル　ダリ　ルンチャナ　スムラ）
先ほどの係の人と話す	berbicara dengan petugas yang tadi（ブルビチャラ　ドゥンガン　プトゥガス　ヤン　タディ）
荷物を預ける	titip bawaan saya（ティティップ　バワアン　サヤ）

② カギをください。
Saya minta kunci.
サヤ　ミンタ　クンチ

言い換え

地図	**peta** プタ
領収書	**kuitansi** クイタンシ
名刺	**kartu nama** カルトゥ　ナマ

③ 部屋につけてもらえますか。（ホテルでの食事の支払いなど）
Tolong disatukan dengan tagihan kamar.
トロン　ディサトゥカン　ドゥンガン　タギハン　カマール

言い換え

荷物を預かって	**simpan bawaan saya** シンパン　バワアン　サヤ
これを部屋まで運んで	**bawakan ini ke kamar** バワカン　イニ　ク　カマール
タクシーを呼んで	**panggilkan taksi** パンギルカン　タクシー

フロントで

館内設備の場所を聞く

4 レストランはどこですか。
Restoran di mana?
レストラン　ディ　マナ

エレベーター	**Lift** リフ
サウナ	**Sauna** サウナ
バー	**Bar** バール
プール	**Kolam renang** コラム　ルナン
スパ	**Spa** スパ
ジム	**Gym** ジム
美容室	**Salon** サロン
会議室	**Ruang meeting** ルアン　ミーティン
宴会場	**Ballroom** ボールーム
お手洗い	**Toilet** トイレッ

(言い換え)

フロントで使う定番フレーズ

Track CD-1 54

予約しておいた田中です。	Saya Tanaka yang sudah booking. サヤ　タナカ　ヤン　スダー　ブッキン
空いている部屋はありますか。	Ada kamar kosong? アダ　カマール　コソン
2泊したいです。	Saya mau menginap dua malam. サヤ　マウ　ムンイナップ　ドゥア　マラム
すぐ部屋に入れますか。	Bisa langsung masuk kamar? ビサ　ランスン　マスッ　カマール
何時から部屋に入れますか。	Jam berapa saya bisa masuk kamar? ジャム　ブラパ　サヤ　ビサ　マスッ　カマール
何時に部屋を出なければなりませんか。	Jam berapa saya harus keluar kamar? ジャム　ブラパ　サヤ　ハルス　クルアール　カマール
近くにコンビニはありますか。	Ada mini market di dekat sini? アダ　ミニ　マルケッ　ディ　ドゥカッ　シニ
荷物を預けておいてもいいですか。	Boleh titip bawaan saya? ボレー　ティティップ　バワアン　サヤ
預けておいた荷物を受け取りたいです。	Saya mau ambil barang titipan saya. サヤ　マウ　アンビル　バラン　ティティパン　サヤ
日本語を話せる人はいますか。	Ada yang bisa bahasa Jepang? アダ　ヤン　ビサ　バハサ　ジパン

部屋で

[使いたいと伝える]

1 アイロンを使いたいです。

Saya mau pakai setrika.
サヤ　マウ　パケ　ストゥリカ

言い換え

ドライヤー	hair dryer（ヘル ドライヤル）
体温計	termometer（トゥルモメトゥル）
プラグの変換アダプター	adaptor colokan listrik（アダプトール チョロカン リストリッ）
湯沸かしポット	ketel elektronik（ケテル エレクトロニッ）
インターネット	internet（イントゥルネッ）
無線LAN	WIFI（ワイファイ）

凍える熱帯夜？

インドネシアのホテルの部屋はクーラーがきつすぎて、凍えるほど寒いことがよくあります。寝る前に消すか、リモコンの位置をしっかり確認しておきましょう。

欲しいと伝える

2 タオルをもう1枚ください。
Minta handuk satu lagi.
ミンタ　　ハンドゥッ　　サトゥ　　ラギ

毛布をもう1枚	selimut satu lagi スリムッ　サトゥ　ラギ
枕をもう1つ	bantal satu lagi バンタル　サトゥ　ラギ
シャンプー	sampo サンポ
コンディショナー	conditioner コンディショネール
石けん	sabun サブン
歯磨き粉	pasta gigi パスタ　ギギ
トイレットペーパー	tisu toilet ティス　トイレッ
便せん	kertas surat クルタス　スラッ
封筒	amplop アンプロップ
ミネラルウォーター	air mineral アイル　ミネラル
ティッシュ	tisu ティスー

朝 食

[朝食を注文する]

1 食パンを2枚ください。

Minta dua roti tawar.
ミンタ　ドゥア　ロティ　タワール

言い換え		
コーヒー	kopi コピ	
紅茶	teh テー	
ミルク	susu スス	
砂糖	gula グラ	
オレンジジュース	jus orange ジュス　オレンジ	
ヨーグルト	yoghurt ヨグルッ	
シリアル	sereal セレアル	
オムレツ	telur dadar トゥルール　ダダル	
目玉焼き	telur mata sapi トゥルール　マタ　サピ	
ゆで卵	telur rebus トゥルール　ルブス	
ナシゴレン（焼き飯）	nasi goreng ナシ　ゴレン	
鶏肉のおかゆ	bubur ayam ブブール　アヤム	

ホテルの部屋の単語

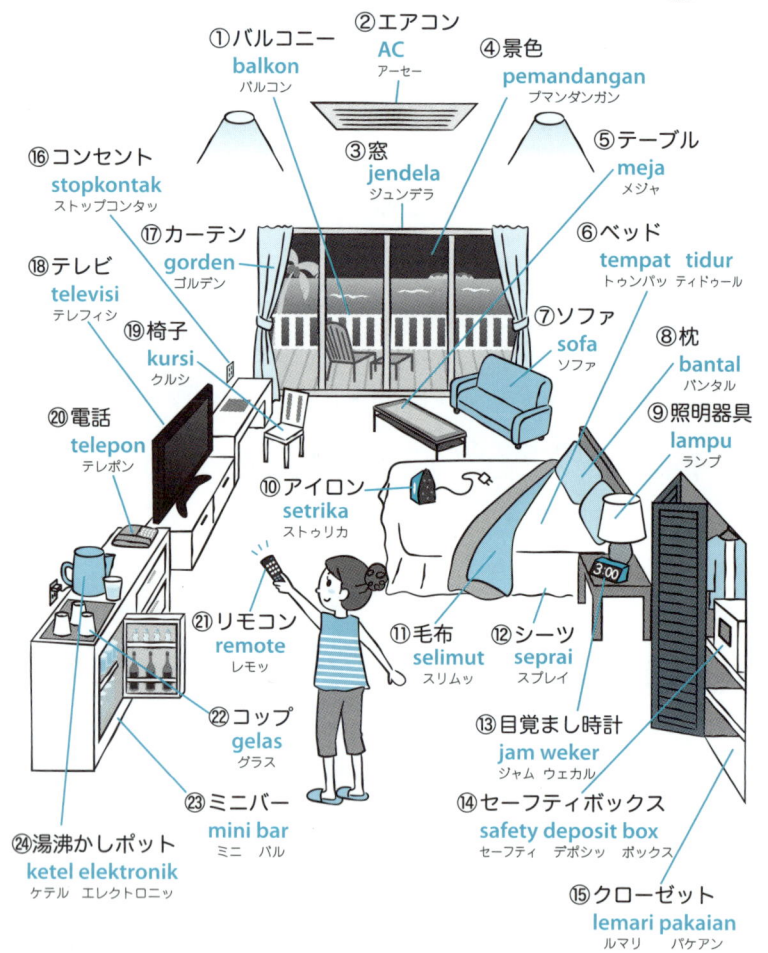

① バルコニー **balkon** バルコン
② エアコン **AC** アーセー
③ 窓 **jendela** ジュンデラ
④ 景色 **pemandangan** プマンダンガン
⑤ テーブル **meja** メジャ
⑥ ベッド **tempat tidur** トゥンパッ ティドゥール
⑦ ソファ **sofa** ソファ
⑧ 枕 **bantal** バンタル
⑨ 照明器具 **lampu** ランプ
⑩ アイロン **setrika** ストゥリカ
⑪ 毛布 **selimut** スリムッ
⑫ シーツ **seprai** スプレイ
⑬ 目覚まし時計 **jam weker** ジャム ウェカル
⑭ セーフティボックス **safety deposit box** セーフティ デポシッ ボックス
⑮ クローゼット **lemari pakaian** ルマリ パケアン
⑯ コンセント **stopkontak** ストップコンタッ
⑰ カーテン **gorden** ゴルデン
⑱ テレビ **televisi** テレフィシ
⑲ 椅子 **kursi** クルシ
⑳ 電話 **telepon** テレポン
㉑ リモコン **remote** レモッ
㉒ コップ **gelas** グラス
㉓ ミニバー **mini bar** ミニ バル
㉔ 湯沸かしポット **ketel elektronik** ケテル エレクトロニッ

Track CD-1 58

60

朝食

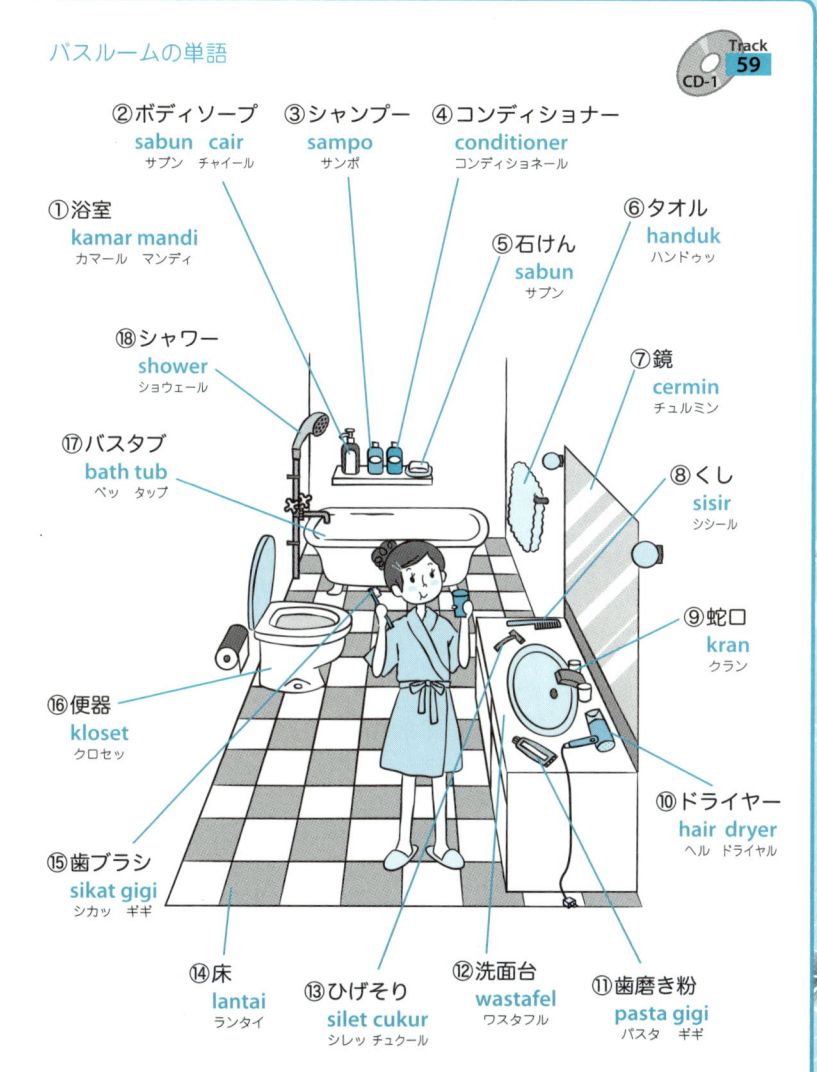

バスルームの単語

Track CD-1 59

① 浴室
kamar mandi
カマール マンディ

② ボディソープ
sabun cair
サブン チャイール

③ シャンプー
sampo
サンポ

④ コンディショナー
conditioner
コンディショネール

⑤ 石けん
sabun
サブン

⑥ タオル
handuk
ハンドゥッ

⑦ 鏡
cermin
チュルミン

⑧ くし
sisir
シシール

⑨ 蛇口
kran
クラン

⑩ ドライヤー
hair dryer
ヘル ドライヤル

⑪ 歯磨き粉
pasta gigi
パスタ ギギ

⑫ 洗面台
wastafel
ワスタフル

⑬ ひげそり
silet cukur
シレッ チュクール

⑭ 床
lantai
ランタイ

⑮ 歯ブラシ
sikat gigi
シカッ ギギ

⑯ 便器
kloset
クロセッ

⑰ バスタブ
bath tub
ベッ タップ

⑱ シャワー
shower
ショウェール

61

トラブル

故障している

1. 電話が壊れています。

Teleponnya rusak.
テレポンニャ　ルサッ

言い換え

テレビ	**Televisinya** テレフィシニャ
エアコン	**AC-nya** アーセーニャ
カギ	**Kuncinya** クンチニャ
セーフティボックス	**Safety deposit box-nya** セーフティ　デポシッ　ボックス　ニャ
シャワー	**Showernya** ショウェールニャ
トイレ	**Toiletnya** トイレッニャ

困ったときの呼びかけ

ホテルの電話を使う場合、「Halo」がもしもし、の意。従業員に直接話しかけるときは、「Permisi（すみません）」と声をかけてみましょう。
ハロー　　　　　　　　　　　　　　プルミシ

トラブル

困ったときの定番フレーズ

お湯が出ません。	Air panasnya tidak keluar. アイル パナスニャ ティダッ クルアール
トイレの水が流れません。	Toiletnya tidak bisa disiram. トイレッニャ ティダッ ビサ ディシラム
電球が切れています。	Lampunya mati. ランプニャ マティ
部屋の電気がつきません。	Lampu kamar tidak nyala. ランプ カマール ティダッ ニャラ
部屋がタバコ臭いです。	Kamarnya bau rokok. カマールニャ バウ ロコッ
インターネットがつながりません。	Internetnya tidak nyambung. イントゥルネッニャ ティダッ ニャンブン
カギを部屋の中に置いてきてしまいました。	Kuncinya ketinggalan di kamar. クンチニャ クティンガラン ディ カマール
部屋のカギをなくしてしまいました。	Saya kehilangan kunci kamar. サヤ クヒランガン クンチ カマール
ドアが開きません。	Pintunya tidak bisa dibuka. ピントゥニャ ティダッ ビサ ディブカ
隣の部屋がうるさいです。	Kamar sebelah berisik. カマール スブラー ブリシッ
部屋が汚れています。	Kamarnya kotor. カマールニャ コトール
暑すぎます。	Terlalu panas. トゥルラル パナス
寒すぎます。	Terlalu dingin. トゥルラル ディンギン
蚊がいます。	Ada nyamuk. アダ ニャムッ

インドネシア語会話コラム1

油を売る楽しみ

　インドネシアに着いて、まず一番コミュニケーションをとることになる相手はホテルのスタッフかもしれません。バリをはじめとする観光地のホテルスタッフは、ただでさえフレンドリーなインドネシア人に輪をかけてフレンドリー。屈託のない彼らとおしゃべりすることで、近辺のおいしいものやショップ、見どころ、交通情報もゲットできますし、一般のインドネシア人とおしゃべりする前の練習にもなります。

　私が大学時代にバックパッカーとしてよく泊まっていたのはロスメンと言われる安宿ですが、そこでは、スタッフや近所の若者が夜な夜などこからともなく集まって来ては、世界中から訪れている宿泊客と一緒にトランプ大会をしたり、ギターに合わせてインドネシアのヒット曲やらボブ・マーリーのレゲエ（インドネシアの海辺の定番ソング！）を大合唱したりしたものです。

　星つきのホテルでも、そんな気さくなこころを持ったスタッフがたくさんいますから、彼らを相手にぜひ油を売ってみてください。まずは

　Halo, apa kabar?（こんにちは、元気？）
　ハロー　アパ　カバール

から。続いて、

　Baik. Namanya siapa?（元気。あなたの名前は？）
　バイク　ナマニャ　シアパ
　Nama saya Doraemon… hehe, bercanda.
　ナマ　サヤ　ドラえもん　　　へへ　ブルチャンダ
　（ぼくドラえもん…。へへ、冗談だよ）

など、ちょっとクサいくらいのギャグを交えると盛り上がります。

飲食編

　広大な土地にさまざまな民族が住むインドネシア。「インドネシア料理」とひとくちに言っても、地方によって非常にバラエティに富んだ料理が味わえます。ぜひ、インドネシアの奥深き食の世界を体験してみてください。

店を探す

[店を探す]

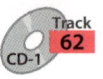

① インドネシア料理レストランはありますか。

Ada restoran masakan Indonesia?
アダ　　レストラン　　　マサカン　　　　インドネシア

言い換え

郷土料理	**masakan lokal** マサカン　ローカル
シーフード	**seafood** シーフーツ
中華料理	**masakan Cina** マサカン　チナ
日本料理	**masakan Jepang** マサカン　ジパン
イタリア料理	**masakan Itali** マサカン　イタリ
ファストフード	**fastfood** ファスフーツ
有名な	**terkenal** トゥルクナル

❷ おいしいレストランを探しています。
Saya cari restoran yang enak.
サヤ　チャリ　レストラン　ヤン　エナッ

言い換え

あまり高くないレストラン	restoran yang tidak begitu mahal レストラン　ヤン　ティダッ　ブギトゥ　マハル
人気のレストラン	restoran yang populer レストラン　ヤン　ポプレール
地元の人に人気の食堂	rumah makan yang disukai orang lokal ルマー　マカン　ヤン　ディスカイ　オラン　ローカル
旅行者に人気の食堂	rumah makan yang disukai turis ルマー　マカン　ヤン　ディスカイ　トゥーリス
エアコンのある食堂	rumah makan yang ada AC ルマー　マカン　ヤン　アダ　アーセー
ビーチ沿いのカフェ	kafe di pinggir pantai カフェ　ディ　ピンギル　パンタイ
ナシゴレン(焼き飯)屋台	warung nasi goreng ワルン　ナシ　ゴレン
麺の屋台	warung bakmi ワルン　バッミー

レストランで

席のリクエストをする

1 喫煙席をお願いします。

Saya minta meja smoking.
サヤ　ミンタ　メジャ　スモーキン

言い換え

禁煙席	meja non-smoking メジャ　ノン　スモーキン
屋外席	meja di luar メジャ　ディ ルアール
窓に近い席	meja di dekat jendela メジャ　ディ　ドゥカッ　ジュンデラ
静かな席	meja yang sepi メジャ　ヤン　スピ
個室	ruang privat ルアン　プリファッ

メニューを頼む

2 メニューを下さい。

Saya minta menu.
サヤ　ミンタ　メヌ

言い換え

食事メニュー	menu masakan メヌ　マサカン
ドリンクメニュー	menu minuman メヌ　ミヌマン
日本語メニュー	menu bahasa Jepang メヌ　バハサ　ジパン
英語メニュー	menu bahasa Inggris メヌ　バハサ　イングリス

レストランを予約するとき・レストランに入るときの定番フレーズ

予約したいのですが。	Saya mau booking. サヤ マウ ブッキン
今晩です。	Malam ini. マラム イニ
7時です。	Jam 7. ジャム トゥジュー
2名です。	2 orang. ドゥア オラン
予約しています。	Saya ada booking. サヤ アダ ブッキン
鈴木名義です。	Atas nama Suzuki. アタス ナマ スズキ
予約していません。	Saya tidak booking. サヤ ティダッ ブッキン
席はありますか。	Ada meja kosong? アダ メジャ コソン
どのくらい待ちますか。	Kira-kira tunggu berapa lama? キラ キラ トゥング ブラパ ラマ

店員を呼ぶ

「すいませ〜ん！」とウエーターを呼ぶときは、お兄さんという意味の「mas」（マス）、ウエートレスを呼ぶときはお姉さんという意味の「mbak」（ンバッ）という単語を使います。本当はこれ、インドネシア語ではなくジャワ語なのですが、人口に占めるジャワ人の割合が多いからか、かなり広範囲に渡って一般的な用語です。ただし、相手がどうみてもずいぶんと年配の場合は「Pak」（パッ）（年上男性への敬称）、「Bu」（ブ）（年上女性への敬称）と呼んだ方がよいでしょう。

メニューに書いてある単語

鶏肉	**daging ayam** ダギン　アヤム
牛肉	**daging sapi** ダギン　サピ
豚肉	**daging babi** ダギン　バビ
魚	**ikan** イカン
シーフード	**seafood** シーフーッ
野菜	**sayuran** サユラン
ご飯	**nasi** ナシ
麺	**mi** ミー
ドリンク	**minuman** ミヌマン
デザート	**pencuci mulut** プンチュチ　ムルッ
おすすめ	**rekomendasi** レコメンダシ
セットメニュー	**paket** パケッ

レストランで

料理を注文する

3. ナシゴレンをください。

Saya minta nasi goreng.
サヤ　ミンタ　ナシ　ゴレン

言い換え

やきそば	**mi goreng** ミー ゴレン
やきとり	**sate ayam** サテ アヤム
ピーナツソースがけゆで野菜のサラダ	**gado-gado** ガド ガド
鶏の唐揚げ	**ayam goreng** アヤム ゴレン
オックステイルスープ（牛の尾の肉で煮込んだスープ）	**sop buntut** ソップ ブントゥッ
ルンダン（西スマトラ風牛肉のココナツミルクスパイス煮）	**rendang** ルンダン
鶏肉のココナツミルク煮	**opor ayam** オポール アヤム
生野菜	**lalapan** ララパン
焼き魚	**ikan bakar** イカン バカール

[飲み物を注文する]

4 アイスティーをください。
Saya minta es teh.
サヤ　ミンタ　エス　テー

言い換え		
ホットティー	**teh panas** テー　パナス
ミネラルウォーター	**air mineral** アイル　ミネラル
ボトル入りの甘いお茶	**teh botol** テー　ボトル
コーラ	**Coca Cola** コカ　コラ
みかんジュース	**es jeruk** エス　ジュルッ
マンゴージュース	**jus mangga** ジュス　マンガ
ココナツジュース	**es kelapa muda** エス　クラパ　ムダ
ホットコーヒー	**kopi panas** コピ　パナス
アイスコーヒー	**es kopi** エス　コピ
ビール	**bir** ビール
白ワイン	**anggur putih** アングール　プティ
赤ワイン	**anggur merah** アングール　メラー

レストランで

追加で注文する

5 チリソースをください。
Saya minta sambal.
サヤ　ミンタ　サンバル

言い換え

ご飯	nasi putih ナシ プティー
揚げテンペ（大豆の発酵食品）	tempe goreng テンペ ゴレン
揚げ豆腐	tahu goreng タフ ゴレン
かき揚げ	bakwan バッワン
おかずせんべい	kerupuk クルプッ
塩	garam ガラム
こしょう	lada ラダ
しょうゆ	kecap asin ケチャップ アシン
甘いしょうゆ	kecap manis ケチャップ マニス

デザートを注文する

6 デザートをください。

Saya minta pencuci mulut.
サヤ　　ミンタ　　プンチュチ　　ムルッ

果物	buah-buahan ブアー　ブアハン
アイスクリーム	es krim エス　クリム
ミックスかき氷	es campur エス　チャンプル
揚げバナナ	pisang goreng ピサン　ゴレン

料理の感想を言う

7 この料理はおいしいです。

Masakannya enak.
マサカンニャ　　エナッ

辛いです	pedas プダス
塩辛いです	asin アシン
甘いです	manis マニス
冷めています	sudah dingin スダー　ディンギン

レストランで

レストランの店内の単語

Track CD-1 73

① テーブル **meja** メジャ
② 扇風機 **kipas angin** キパス アンギン
③ ウエートレス／ウエーター **pelayan** プラヤン
④ 椅子 **kursi** クルシ
⑤ メニュー **menu** メヌ
⑥ お椀 **mangkok** マンコッ
⑦ 箸 **sumpit** スンピッ
⑧ スプーン **sendok** センドッ
⑨ フォーク **garpu** ガルプ
⑩ フィンガーボウル **kobokan** コボカン
⑪ 皿 **piring** ピリン
⑫ つまようじ **tusuk gigi** トゥスッ ギギ
⑬ コップ **gelas** グラス
⑭ 小皿 **piring kecil** ピリン クチル
⑮ カップ **cangkir** チャンキール
⑯ ろうそく ＊ハエよけ用 **lilin** リリン
⑰ 灰皿 **asbak** アスバッ
⑱ ティッシュ **tisu** ティスー

75

注文の定番フレーズ

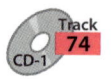

これは何ですか。	**Ini apa?** イニ アパ
これを下さい。	**Minta yang ini.** ミンタ ヤン イニ
氷を入れないでください。	**Jangan pakai es.** ジャンガン パケ エス
砂糖を入れないでください。	**Jangan pakai gula.** ジャンガン パケ グラ
あまり甘くしないでください。	**Jangan terlalu manis.** ジャンガン トゥルラル マニス
あまり辛くしないでください。	**Jangan terlalu pedas.** ジャンガン トゥルラル プダス
辛くしないでください。	**Jangan pedas.** ジャンガン プダス
唐辛子を入れないでください。	**Jangan pakai cabe.** ジャンガン パケ チャベ
辛くしてください。	**Saya minta yang pedas.** サヤ ミンタ ヤン プダス
2人前下さい。	**Saya minta dua porsi.** サヤ ミンタ ドゥア ポルシ
量は多いですか。	**Apakah porsinya besar?** アパカー ポルシニャ ブサール
何人分ですか。	**Untuk berapa orang?** ウントゥッ ブラパ オラン
持ち帰りにしてください。	**Saya minta dibungkus.** サヤ ミンタ ディブンクス
ここで食べます。	**Saya makan di sini.** サヤ マカン ディ シニ

レストランで

食事中、食後、支払いのときの定番フレーズ

Track 75 CD-1

とてもおいしいです。	**Enak sekali.** エナッ スカリ
注文したものが来ていません。	**Pesanannya belum datang.** プサナンニャ ブルム ダタン
これは注文していません。	**Saya tidak pesan yang ini.** サヤ ティダッ プサン ヤン イニ
もう1つお願いします。	**Minta satu lagi.** ミンタ サトゥ ラギ
お勘定をしてください。	**Minta bon.** ミンタ ボン
計算が間違っています。	**Hitungannya salah.** ヒトゥンガンニャ サラー
どのように食べるのですか。	**Bagaimana cara makannya?** バゲマナ チャラ マカンニャ

キャンドルの秘密

テーブルにゆれるキャンドルの灯…といえば普通はロマンチックなシチュエーションを思い浮かべますが、インドネシアの庶民的な食堂にあるそれは、料理に寄って来るハエを追い払うため。ロマンチックとはほど遠い代物です。熱にひるんでハエが近寄ってこないということのようですが、実際のところ、そんなに威力があるのかどうか…。

インドネシア語
会話コラム2

もう食事した？

"Sudah makan?（もう食事した？）"の一言は、インドネシア
　スダー　マカン
人にとって、質問やお誘いというよりは、ちょっとした挨拶のよ
うなもの。旅先で知り合いになった人がいたら、ぜひこれを使っ
てみてください。あっという間に親密度が増す、不思議な言葉で
す。返事は"Sudah"（もう食べたよ）か、"Belum"（まだ）。
　　　　　　スダー　　　　　　　　　　　ブルム

　　Makan apa?（何食べたの？）
　　　マカン　アパ
　　Masakan Bali.（バリ料理）
　　　マサカン　　バリ
　　Enak ya?（おいしい？）
　　　エナッ　ヤ
　　Iya, tapi pedas…!（うん、でも辛い）
　　　イヤ　タピ　プダス
…などなど、話題がどんどん広がります。

　インドネシアの人は食べるのが大好きで、三度の食事以外に
も、キャッサバチップス（keripik singkong）、ナッツ類（kacang）、
　　　　　　　　　　　　クリピッ　シンコン　　　　　　　カチャン
揚げバナナ（pisang goreng）、コロッケ（kroket ※インドネ
　　　　　　ピサン　ゴレン　　　　　　　クロケッ
シアのコロッケはおやつ扱いなのです）、甘辛いソースをかけた
フルーツサラダ（rujak）などなど、なんだかひっきりなしに口
　　　　　　　　ルジャック
にしている気がします。実際、街を歩いていると、バイクや自転
車、手押し車などでこれらを売り歩く人、そこでおやつタイムを
楽しんでいる人の多いことに気づかれるでしょう。

　でも、一番好きなのはなんといってもお米。いくらたくさんパ
ンや麺を食べたところで、「ご飯をまだ食べていなかったら、食事
したとは言えない」とはインドネシアの人からよく聞く言葉です。

買い物編

　工芸品、雑貨、布、食品など、伝統的なものから、最新のものまで。値段交渉ができる市場の露店から、定価の高級ショッピングモールまで。インドネシアで、あらゆる買い物体験を楽しみましょう。

店を探す

[店を探す]

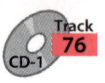

1 市場はどこですか。

Pasar di mana?
パサール　ディ　マナ

言い換え

スーパーマーケット	**Super market** スプル　マルケッ
コンビニ	**Mini market** ミニ　マルケッ
ショッピングモール	**Mal** モル
薬局	**Apotek** アポテッ
書店	**Toko buku** トコ　ブク
土産物屋	**Toko oleh-oleh** トコ　オレー　オレー
タバコ屋	**Warung rokok** ワルン　ロコッ

店を探す

売り場を探す

2 婦人服はどこですか。
Pakaian wanita di mana?
パケアン　ワニタ　ディ　マナ

紳士服	**Pakaian pria** パケアン　プリア
子供服	**Pakaian anak-anak** パケアン　アナッ　アナッ
バティック	**Batik** バティッ
お土産	**Oleh-oleh** オレー　オレー
食品	**Makanan** マカナン
化粧品	**Kosmetik** コスメティッ
かばん	**Tas** タス
アクセサリー	**Aksesoris** アクセソリス
靴	**Sepatu** スパトゥ
本	**Buku** ブク
地図	**Peta** プタ
文具	**Alat tulis** アラッ　トゥリス

店内で

[服を買う]

1 Tシャツはありますか。

Ada kaos?
アダ　カオス

シャツ	**kemeja** クメジャ
ジャケット	**jaket** ジャケッ
ワンピース	**dress** ドレス
ズボン	**celana** チュラナ
短パン	**celana pendek** チュラナ　ペンデッ
ジーンズ	**celana jins** チュラナ　ジンス
スカート	**rok** ロッ
水着	**baju renang** バジュ　ルナン
海パン	**celana renang** チュラナ　ルナン
下着	**pakaian dalam** パケアン　ダラム

言い換え

店内で

服飾店の単語

① 試着室
kamar pas
カマール パス

② 服
pakaian
パケアン

③ 棚
rak
ラッ

④ 鏡
cermin
チュルミン

⑤ セール品
barang diskon
バラン ディスコン

⑥ ハンガー
gantungan baju
ガントゥンガン バジュ

⑦ レジ
kasir
カシール

⑧ 店員
pelayan
プラヤン

デザインについて尋ねる

2 長袖はありますか。

Ada yang lengan panjang?
アダ　ヤン　ルンガン　パンジャン

言い換え

半袖	**lengan pendek** ルンガン　ペンデッ
ノースリーブ	**you can see** ユー　キャン　シー
伝統的な	**tradisional** トラディショナル
最新の	**terbaru** トゥルバル

生地について尋ねる

3 これはシルクですか。

Apakah ini bahan sutra?
アパカー　イニ　バハン　ストラ

言い換え

綿	**katun** カトゥン
麻	**linen** リネン
革	**kulit** クリッ
合成皮革	**kulit sintetis** クリッ　シンテティス
ポリエステル	**polyester** ポリエステル

店内で

サイズについて尋ねる

4 Sサイズはありますか。

Ada ukuran S?
アダ　　ウクラン　エス

言い換え

Mサイズ	ukuran M（ウクラン　エム）
Lサイズ	ukuran L（ウクラン　エル）
これより小さいもの	yang lebih kecil（ヤン　ルビー　クチル）
これより大きいもの	yang lebih besar（ヤン　ルビー　ブサール）
これより長いもの	yang lebih panjang（ヤン　ルビー　パンジャン）
これより短いもの	yang lebih pendek（ヤン　ルビー　ペンデッ）

見えてるよ！

「ノースリーブ」の対訳としてご紹介している「you can see」（ユー　キャン　シー）ですが、もちろん（？）正しい英語でもインドネシア語でもありません。おそらく脇の下が見える、という意味で、あくまでシャレとして都市部の若者が使い始めた言葉なのですが、いつの間にか市民権を得てしまったようです。「You can see」、「baju（洋服）」（バジュ）という単語で画像検索をしてみてください。なるほど、と思われるはず。なお、モスクや寺院など、宗教施設を観光で訪れる際、これを着ていると入場できないことがあるのでご注意を。

[色について尋ねる]

5. 赤はありますか。
Ada warna merah?
アダ　　ワルナ　　メラー

言い換え		
他の(色)	:	**lain** ライン
青	:	**biru** ビル
黄色	:	**kuning** クニン
緑	:	**hijau** ヒジャウ
白	:	**putih** プティー
黒	:	**hitam** ヒタム
茶色	:	**coklat** チョクラッ
グレー	:	**abu-abu** アブ　アブ
紫	:	**ungu** ウング
オレンジ	:	**oranye** オラニェ
ピンク	:	**pink** ピン
ベージュ	:	**krem** クレム

店内で

かばん・靴を買う

6 かばんはありますか。
Ada tas?
アダ　タス

言い換え

リュック	**tas ransel** タス　ランセル
スーツケース	**koper** コポール
スニーカー	**sepatu keds** スパトゥ　ケッズ
サンダル	**sandal** サンダル
ビーチサンダル	**sandal jepit** サンダル　ジュピッ
ハイヒール	**sepatu hak tinggi** スパトゥ　ハッ　ティンギ
革靴	**sepatu kulit** スパトゥ　クリッ
スリッパ	**selop** スロップ

インドネシアン・ファッション！

　インドネシアの都市部にあるショッピングモールには、インターナショナルなファッションブランドが軒を連ねていますが、ローカルブランドもぜひチェックしてみてください。シンプルでモダンなデザインの（X）S.M.L、COTTON INKなどがおすすめ。また、ユネスコから世界無形文化遺産に指定されたバティック（ろうけつ染め）は、伝統の枠に収まらずデザインも豊富で楽しく選べます。

[雑貨を買う]

7 財布はありますか。
Ada dompet?
アダ　ドンペッ

言い換え

ハンカチ	saputangan サプタンガン
スカーフ	syal シャル
ネクタイ	dasi ダシ
サロン（腰巻き布）	sarung サルン
傘	payung パユン
帽子	topi トピ
サングラス	kacamata hitam カチャマタ　ヒタム
眼鏡	kacamata カチャマタ
ベルト	ikat pinggang イカッ　ピンガン
腕時計	jam tangan ジャム　タンガン
キーホルダー	gantungan kunci ガントゥンガン　クンチ

店内で

アクセサリーを買う

Track 86 CD-1

8 **ネックレス**はありますか。

Ada kalung?
アダ　カルン

言い換え		
	イヤリング	anting アンティン
	ブレスレット	gelang グラン
	指輪	cincin チンチン
	ブローチ	bros ブロス
	カチューシャ	bando バンド
	ヘアピン	jepitan rambut ジュピタン　ランブッ
	ヘアアクセサリー	aksesoris rambut アクセソリス　ランブッ
	銀製品	yang dari perak ヤン　ダリ　ペラッ
	金製品	yang dari emas ヤン　ダリ　ウマス
	革製品	yang dari kulit ヤン　ダリ　クリッ
	真珠付きの	yang pakai mutiara ヤン　パケ　ムティアラ
	宝石付きの	yang pakai batu permata ヤン　パケ　バトゥ　プルマタ

化粧品を買う

9 香水はありますか。
Ada parfum?
アダ　パルフム

言い換え

日焼け止め	sunblock　サンブロッ
化粧水	toner　トナール
ボディローション	hand body　ヘン　ボディ
パウダー	bedak　ブダッ
マニキュア	kutek　クテッ
除光液	pembersih kutek　ブンブルシー　クテッ
口紅	lipstick　リップスティッ
クレンジング	pembersih wajah　ブンブルシー　ワジャー
(ボディ) スクラブ	lulur　ルルール
パック	masker wajah　マスクル　ワジャー
リップクリーム	lip balm　リップ バーム

店内で

[文具を買う]

⑩ ボールペンはありますか。

Ada bolpen?
アダ　ボルペン

言い換え

サインペン	spidol スピドル
鉛筆	pensil ペンシル
便せん	kertas surat クルタス　スラッ
封筒	amplop アンプロップ
ポストカード	kartu pos カルトゥ　ポス
ノート	buku tulis ブク　トゥリス
消しゴム	penghapus プンハプス
メモ帳	kertas memo クルタス　メモ
手帳	buku agenda ブク　アゲンダ
はさみ	gunting グンティン
のり	lem レム
セロテープ	selotip セロティップ
ガムテープ	lakban ラックバン

[日用品を買う]

11 歯ブラシはありますか。
Ada sikat gigi?
アダ　シカッ　ギギ

言い換え		
	歯磨き粉	**pasta gigi** パスタ　ギギ
	石けん	**sabun** サブン
	シャンプー	**sampo** サンポ
	コンディショナー	**conditioner** コンディショネール
	タオル	**handuk** ハンドゥッ
	ティッシュ	**tisu** ティス
	ウェットティッシュ	**tisu basah** ティス　バサー
	生理用品	**pembalut wanita** プンバルッ　ワニタ
	電池	**baterai** バットゥレ
	タバコ	**rokok** ロコッ
	ライター	**korek api** コレッ　アピ
	蚊よけスプレー	**semprot anti nyamuk** スンプロッ　アンティ　ニャムッ
	かゆみどめ	**obat gatal** オバッ　ガタル

店内で

商品を見る、選ぶときの定番フレーズ

Track 90 CD-2

見ているだけです。	**Lihat-lihat saja.** リハッ リハッ サジャ
ちょっと検討します。	**Saya pikir-pikir dulu.** サヤ ピキール ピキール ドゥル
あとにします。 （やんわりと断りたいとき）	**Nanti saja ya.** ナンティ サジャ ヤ
あれを見せてもらえますか。	**Bisa lihat yang itu?** ビサ リハッ ヤン イトゥ
新しいのはありますか。	**Ada yang baru?** アダ ヤン バル
試着してもいいですか。	**Boleh saya coba?** ボレー サヤ チョバ
もっと安いのはありませんか。	**Ada yang lebih murah?** アダ ヤン ルビー ムラー
もっといいのはありませんか。	**Ada yang lebih bagus?** アダ ヤン ルビー バグス
これをください。	**Saya mau yang ini.** サヤ マウ ヤン イニ

[インドネシア土産を買う]

12 バティック布はありますか。
Ada kain batik?
アダ　カイン　バティッ

言い換え

織物の布	**kain ikat** カイン　イカッ
クバヤ（伝統的な女性のブラウス）	**kebaya** クバヤ
木彫りの置物	**patung kayu** パトゥン　カユ
テーブルクロス	**taplak meja** タプラッ　メジャ
ランチョンマット	**tatakan piring** タタカン　ピリン
コースター（コップ敷き）	**tatakan gelas** タタカン　グラス
お面	**topeng** トペン
伝統楽器	**alat musik tradisional** アラッ　ムシッ　トラディショナル
（水牛の革製）影絵人形	**wayang kulit** ワヤン　クリッ
（木製）操り人形	**wayang golek** ワヤン　ゴレッ

店内で

絵画	**lukisan** ルキサン	
かご	**keranjang** クランジャン	
アロマオイル	**minyak aromaterapi** ミニャッ　アロマトゥラピ	
工芸品	**barang kerajinan tangan** バラン　クラジナン　タンガン	
丁字タバコ （丁字入りの香り高いタバコ）	**rokok kretek** ロコッ　クレテッ	

お土産さがしの醍醐味

広大な土地に、たくさんの民族が住むインドネシア。有名なバリだけでなく、地方それぞれの伝統文化が魅力です。ジャワ島のバティックひとつをとっても、シンプルなガルット、不思議な絵柄のチレボン、渋いソロなど、まさに所変われば品変わる。その地方ならではの「何か」を見つけ出しましょう！お土産店だけでなく、地元の市場もぜひ覗いてみてください。売り子さんたちとの値引き交渉も、ゲーム感覚で楽しんでしまいましょう。

値段交渉、支払いの時の定番フレーズ

高いですね。	Mahal ya. マハル ヤ
もっと安くしてください。	Minta diskon. ミンタ ディスコン
隣の店はもっと安かったですよ。	Tadi toko sebelah lebih murah. タディ トコ スブラー ルビー ムラー
全部でいくらになりますか。	Semuanya berapa? スムアニャ ブラパ
クレジットカードは使えますか。	Bisa pakai kartu kredit? ビサ パケ カルトゥクレディッ
JCBカードは使えますか。	Bisa pakai kartu JCB? ビサ パケ カルトゥ ジェーシービー
ラッピングペーパーはありますか。	Ada kertas kado? アダ クルタス カド
プレゼント用に包んでください。	Tolong dibungkus untuk kado. トロン ディブンクス ウントゥッ カド
すみません、小銭がありません。	Maaf, saya tidak ada uang kecil. マアフ サヤ ティダッ アダ ウアン クチル
おつりが足りません。	Kembaliannya kurang. クンバリアンニャ クラン
領収書をお願いします。	Minta kuitansi. ミンタ クイタンシ

市場で

[食材を買う]

1 マンゴーをください。

Minta mangga.
ミンタ　　マンガ

言い換え

パパイヤ	pepaya（プパヤ）
みかん	jeruk（ジュルッ）
リンゴ	apel（アプル）
バナナ	pisang（ピサン）
ランブータン	rambutan（ランブータン）
ドリアン	duren（ドゥレン）
マンゴスチン	manggis（マンギス）
スイカ	semangka（スマンカ）
アボカド	alpukat（アルプカッ）
ココナツの実	buah kelapa（ブアー クラパ）
ココナツミルク	santan（サンタン）
唐辛子	cabe（チャベ）
塩漬け魚	ikan asin（イカン アシン）

食料品店で

[食料品を買う]

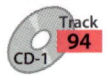

1. 地元の米をください。
Minta beras lokal.
ミンタ　ブラス　ローカル

言い換え

インドネシア風コーヒー（コーヒー豆の粒子をこさないで飲むもの）	kopi tubruk （コピ　トゥブルッ）
お茶（ティーバッグ）	teh celup （テー　チュルップ）
お茶（茶葉）	daun teh （ダウン　テー）
白砂糖	gula putih （グラ　プティー）
椰子砂糖	gula merah （グラ　メラー）
粗塩	garam kasar （ガラム　カサール）
こしょう	lada （ラダ）
卵	telur （トゥルール）
インスタント麺	mi instan （ミー　インスタン）
ナシゴレンの素	bumbu nasi goreng instan （ブンブ　ナシ　ゴレン　インスタン）
粉末スープの素	kaldu bubuk instan （カルドゥ　ブブッ　インスタン）

食料品店で

市場／食料品店の定番フレーズ

1個いくらですか。	Berapa harga satu buah? ブラパ　ハルガ　サトゥ　ブアー
1袋いくらですか。	Berapa harga satu bungkus? ブラパ　ハルガ　サトゥ　ブンクス
100グラムいくらですか。	Berapa harga satu ons? ブラパ　ハルガ　サトゥ オンス
安くしてください。	Kasih murah ya. カシー　ムラー　ヤ
これは何ですか。	Ini apa? イニ　アパ
どのように食べるのですか。	Bagaimana cara makannya? バゲマナ　チャラ　マカンニャ
この地方の特産はありますか。	Ada yang khas di daerah ini? アダ　ヤン　ハス ディ ダエラー イニ
旬の果物は何ですか。	Buah apa yang sedang musim? ブアー　アパ　ヤン　スダン　ムシム
味見してもいいですか。	Boleh saya cicip? ボレー　サヤ チチップ
どのくらい保ちますか。	Tahan berapa lama? タハン　ブラパ　ラマ
もう少しください。	Minta sedikit lagi. ミンタ　スディキッ ラギ
少し減らしてください。	Tolong kurangi sedikit. トロン　クランギ　スディキッ
十分です。	Cukup. チュクップ

> インドネシア語
> 会話コラム3

値切り交渉の醍醐味

　市場や道端のお店などでは、値段はあってないようなもの。売り子さんとの値切り交渉にチャレンジしてみましょう。

Ini harganya berapa?（これいくら？）
イニ　ハルガニャ　ブラパ

50.000 rupiah.（5万ルピア）
リマプルーリブ　ルピア

Wah, mahal sekali… 25.000 saja ya?
ワー　マハル　スカリ　ドゥアプルリマリブ　サジャ　ヤ
（うわ、高っ。2万5千ね？）

Tidak dapat neng…. 45.000 deh.
ティダッ　ダパッ　ネン　ウンパッブルリマリブ　デー
（ダメだよお嬢さん。4万5千ね）

Ayo dong, 30.000!（そこをなんとか。3万で）
アヨ　ドン　ティガプルリブ

40.000 saja. Ini sudah harga mati.
ウンパッブルリブ　サジャ　イニ　スダー　ハルガ　マティ
（4万ね。持ってけドロボー！）

…といった調子で、まずは半額くらいから挑戦するのがいいでしょう。（注：最後の「持ってけドロボー」というのは、実際には「もうこれ以上値段は下げられませんよ」という原文の超訳ですので、あしからず…）

　この例では売り子さんもがんばっていますが、あっさりと半額に同意され、拍子抜けすることもたまにあります。だったらもっと安く言っておけばよかった！と悔しくなりますが、そういう経験も含めて楽しんでいく中で、値切りのスキルも上がってくることでしょう。もちろん、いくらがんばっても値段が下がらないこともあります。そんな時もあまりカリカリしてはいけません。

　さあ、遠慮を捨ててエンジョイ！

観光編

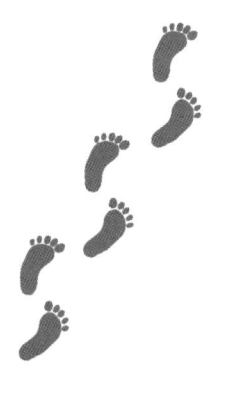

　歴史文化探訪をするもよし、マリンスポーツ、グルメ、スパ三昧をするもよし。もちろん、大自然の中でひたすらぼけーっとするのも最高！インドネシアを満喫するための、基礎的インドネシア語をご紹介します。

観光スポットで

[情報を集める]

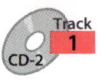

1 このあたりの地図をください。

Saya minta peta sekitar sini.
サヤ　ミンタ　プタ　スキタル　シニ

言い換え

インドネシアの地図	**peta Indonesia** プタ　インドネシア
観光パンフレット	**brosur wisata** ブロスール　ウィサタ
名刺	**kartu nama** カルトゥ　ナマ
ホームページのアドレス	**alamat website** アラマッ　ウェブサイト

[ツアーについて問い合わせる]

2 市内観光ツアーはありますか。

Apakah ada tur dalam kota?
アパカー　アダ　トゥール　ダラム　コタ

言い換え

島めぐり	**keliling pulau** クリリン　プラウ
博物館めぐり	**keliling museum** クリリン　ムシウム
遺跡めぐり	**keliling tempat peninggalan sejarah** クリリン　トゥンパッ　プニンガラン　スジャラー
村落めぐり	**keliling pedesaan** クリリン　プデサアン

観光スポットで

希望を伝える

3 デンパサールに行きたいです。
Saya mau ke Denpasar.
サヤ　マウ　ク　デンパサール

言い換え

ジャカルタ	**Jakarta** ジャカルタ
チマジャ	**Cimaja** チマジャ
ジョグジャカルタ	**Yogyakarta** ジョグジャカルタ
スラバヤ	**Surabaya** スラバヤ
メダン	**Medan** メダン
ムンタワイ	**Mentawai** ムンタワイ
マカッサル	**Makassar** マカッサル
ワイカブバック	**Waikabubak** ワイカブバッ
メナド	**Manado** マナド

観光スポットを探す

4 このあたりに海岸はありますか。

Apakah ada pantai di sekitar sini?
アパカー アダ パンタイ ディ スキタル シニ

言い換え

旅行代理店	agen perjalanan アゲン プルジャラナン
両替所	money changer マニー チェンジャル
市場	pasar パサール
土産物屋	toko oleh-oleh トコ オレー オレー
遺跡	tempat peninggalan sejarah トゥンパッ プニンガラン スジャラー
ヒンドゥー寺院	pura プラ
モスク	mesjid ムスジッ
教会	gereja グレジャ
仏教寺院	vihara フィハラ

5 ガムランコンサートに行きたいです。

Saya mau ke konser gamelan.
サヤ　マウ　ク　コンセール　ガムラン

言い換え

島	**pulau** プラウ
山	**gunung** グヌン
伝統舞踊ショー	**pertunjukan tari tradisional** プルトゥンジュカン　タリ　トラディショナル
影絵芝居	**pertunjukan wayang kulit** プルトゥンジュカン　ワヤン　クリッ
スンバ島の流鏑馬（やぶさめ）	**pasola** パソラ
美術館	**museum seni** ムシウム　スニ
動物園	**kebun binatang** クブン　ビナタン

ここが穴場！

　上の言い換え単語でご紹介した「スンバの流鏑馬」パソラ。バリ島からさらに東に行ったスンバ島の伝統行事です。毎年2月と3月の満月から1週間前後の日に催されるということで、そのタイミングを狙って旅行を計画するのはなかなか難しいのですが、ご縁があったらぜひご覧いただきたい、という一推しイベントです。2チームに分かれて、馬に乗った男たちが棒を投げ合い、相手に当たったら大喝采！そのダイナミックさに、見ているこっちも大興奮です。

観光地での定番フレーズ

窓口はどこですか。	**Loketnya di mana?** ロケッニャ ディ マナ
入場料はいくらですか。	**Karcis masuknya berapa?** カルチス マスッニャ ブラパ
大人2枚です。	**2 orang dewasa.** ドゥア オラン デワサ
子供2枚です。	**2 orang anak-anak.** ドゥア オラン アナッ アナッ
写真を撮ってもらえませんか。	**Bisa tolong ambilkan foto?** ビサ トロン アンビルカン フォト
ここを押してください。	**Pencet di sini.** プンチェッ ディ シニ
もう1回。	**Sekali lagi.** スカリ ラギ
写真を撮ってもいいですか。	**Boleh saya ambil foto?** ボレー サヤ アンビル フォト
日本語ガイドはいますか。	**Apakah ada pemandu berbahasa Jepang?** アパカー アダ プマンドゥ ブルバハサ ジパン

アクティビティを楽しむ

[希望を伝える]

1 ヨガに参加したいです。

Saya mau ikut yoga.
サヤ　マウ　イクッ　ヨガ

言い換え

ツアーに参加	ikut tur (イクッ トゥール)
登山	mendaki gunung (ムンダキ グヌン)
サイクリング	bersepeda (ブルスペダ)
サーフィン	surfing (スルフィン)
ダイビング	diving (ダイフィン)
シュノーケリング	snorkeling (スノルクリン)
ゴルフ	golf (ゴルフ)
釣り	memancing (ムマンチン)
料理教室に参加	ikut kelas masak (イクッ クラス マサッ)
川下り	rafting (ラフティン)

用具を借りる

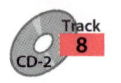

2 ダイビング器材はレンタルしていますか。

Apakah alat diving disewakan?
アパカー　アラッ　ダイフィン　ディセワカン

言い換え

シュノーケリング器材	**alat snorkeling** アラッ　スノルクリン
ヨガマット	**alas yoga** アラス　ヨガ
サーフボード	**papan surfing** パパン　スルフィン
自転車	**sepeda** スペダ
バイク	**sepeda motor** スペダ　モトール
自動車	**mobil** モビル
用具	**alatnya** アラッニャ

リラックス＆ビューティ

[コースを選ぶ]

1. 足裏マッサージをしたいです。

Saya mau pijat refleksi.
サヤ　マウ　ピジャッ　レフレクシ

言い換え

アロマオイルマッサージ	**pijat aromaterapi** ピジャッ アロマトゥラピ
頭皮マッサージ	**creambath** クレンバッ
マニキュア	**manikur** メニクール
ペディキュア	**pedikur** ペディクール
フェイシャルエステ	**facial** フェイシャル
（ボディ）スクラブ	**luluran** ルルラン
色々なトリートメントのパッケージ	**paket berbagai perawatan** パケッ ブルバガイ プラワタン
２時間コース	**paket 2 jam** パケッ ドゥア ジャム

悩みを伝える

2 抜け毛が悩みです。

Saya punya masalah rambut rontok.
サヤ　　プニャ　　マサラー　　ランプッ　ロントッ

フケ	ketombe クトンベ
髪がパサパサする	rambut kering ランブッ　クリン
乾燥肌	kulit kering クリッ　クリン
オイリー肌	kulit berminyak クリッ　ブルミニャッ
ニキビ	jerawat ジュラワッ
腰の痛み	sakit pinggang サキッ　ピンガン
肩の痛み	sakit pundak サキッ　プンダッ
首の痛み	sakit leher サキッ　レヘール
肩こり	pegal di pundak プガル　ディ　プンダッ
頭痛	sakit kepala サキッ　クパラ

リラックス＆ビューティ

アクティビティ／ツアーの定番フレーズ　CD-2 Track 11

所要時間はどのくらいですか。	**Durasinya berapa lama?** ドゥラシニャ　ブラパ　ラマ
開始は何時ですか。	**Mulainya jam berapa?** ムライニャ　ジャム　ブラパ
出発は何時ですか。	**Berangkatnya jam berapa?** ブランカッニャ　ジャム　ブラパ
終了は何時ですか。	**Selesainya jam berapa?** スルサイニャ　ジャム　ブラパ
（集合場所への）戻りは何時ですか。	**Kembalinya jam berapa?** クンバリニャ　ジャム　ブラパ
何を持って行けばいいですか。	**Apa yang harus saya bawa?** アパ　ヤン　ハルス　サヤ　バワ

リラックス＆ビューティの定番フレーズ　CD-2 Track 12

痛い！	**Sakit!** サキッ
気持ちいい。	**Enak.** エナッ
くすぐったい。	**Geli.** グリ
もっと強く。	**Yang lebih keras.** ヤン　ルビー　クラス
もっと優しく。	**Yang lebih pelan.** ヤン　ルビー　プラン
ちょうどいいです。	**Pas.** パス
首がこっています。	**Leher saya pegal.** レヘール　サヤ　プガル
肩がこっています。	**Pundak saya pegal.** プンダッ　サヤ　プガル
頭もマッサージしてください。	**Tolong kepala saya dipijit juga.** トロン　クパラ　サヤ　ディピジッ　ジュガ

海の単語

① ヤシの木 **pohon kelapa** ポホン クラパ

② ヤシの実 **buah kelapa** ブアー クラパ

③ 海岸 **pantai** パンタイ

④ カニ **kepiting** クピティン

⑤ サングラス **kacamata hitam** カチャマタ ヒタム

⑥ ギター **gitar** ギタール

⑦ 砂 **pasir** パシール

⑧ ビール **bir** ビール

⑨ ビーチバレー **voli pantai** フォリ パンタイ

⑩ 泳ぐ **berenang** ブルナン

⑪ イルカ **lumba-lumba** ルンバ ルンバ

⑫ 太陽 **matahari** マタハリ

⑬ 舟 **perahu** プラフ

⑭ もぐる **menyelam** ムニュラム

リラックス＆ビューティ

⑮ サーフボード
papan surfing
パパン　スルフィン

⑯ 雲
awan
アワン

⑰ 波
ombak
オンバッ

⑱ 島
pulau
プラウ

⑲ 釣りをする
memancing
ムマンチン

⑳ 浮輪
ban renang
バン　ルナン

㉑ パラソル
payung
パユン

㉒ 貝
kerang
クラン

㉓ ビーチサンダル
sandal jepit
サンダル　ジュピッ

㉔ 日光浴する
berjemur
ブルジュムール

㉕ ヤドカリ
umang-umang
ウマン　ウマン

㉖ ビーチチェア
kursi pantai
クルシ　パンタイ

㉗ マッサージ師
tukang pijat
トゥカン　ピジャッ

113

インドネシア語会話コラム4

国内バックパッカーと情報交換

　観光地やビーチでは、物売りやガイドを申し出る人などいろんな人に声をかけられますが、それよりも、地元の普通の人や国内旅行者とぜひおしゃべりしてみましょう。最近では、インドネシアの若者の間でもバックパック旅行が静かに流行中。彼らはネット上でバックパッカー仲間と常に情報を共有しているので、知識が豊富です。インドネシアの観光情報をどんどんもらってしまいましょう。

　例えば、バリの寺院でリュックを背負った若者グループに出会ったとします。

Hai, Anda turis juga? Datang dari mana?
ハイ　アンダ　トゥーリス　ジュガ　　ダタン　ダリ　マナ
（ねえ、あなたも旅行者？　どこから来たの？）

Saya dari Lombok. （ロンボクです）
サヤ　ダリ　ロンボッ

Wah, saya mau ke Lombok. Apa yang menarik di sana?
ワー　サヤ　マウ　ク　ロンボッ　アパ　ヤン　ムナリッ　ディ　サナ
（わあ、私、ロンボクに行きたい。あそこでは何が見どころ？）

Pantai di Tanjung Aan sangat indah. Kalau makan, coba ayam taliwang saja!
パンタイ　ディ　タンジュン　アアン　サンガッ　インダー　カロウ　マカン　チョバ　アヤム　タリワン　サジャ
（タンジュン　アアンのビーチはとってもきれいだよ。食べ物なら、アヤムタリワン*を試してごらん！）＊ロンボク名物の辛い鶏の炭焼き

といった調子で、恥ずかしがらずにどんどん声をかけてみてください。インドネシアの若者はツイッターやフェイスブックなどのSNSも大好きなので、知り合った記念にアカウント交換をしたり、記念写真をアップしたりするのもいい思い出になりますね。

トラブル編

何事もないのがもちろん一番、どうしても何か問題が発生してしまったときは、このページを役立ててください。

トラブルに直面！

とっさの一言

助けて！	**Tolong!** トロン
やめて！	**Stop!** ストップ
痛い！	**Sakit!** サキッ
はなせ！	**Lepaskan!** ルパスカン
泥棒！	**Maling!** マリン
スリ！	**Copet!** チョペッ
火事だ！	**Kebakaran!** クバカラン
早く来てください！	**Cepat ke sini!** チュパッ ク シニ
危ない！	**Awas!** アワス
気をつけて！	**Hati-hati!** ハティ ハティ
ごめんなさい！	**Maaf!** マアフ

[助けを呼ぶ]

1. 警察を呼んでください。
Tolong panggilkan polisi.
トロン　パンギルカン　ポリシ

警備員	satpam (サッパム)
マネージャー	manager (メネジュル)
医者	dokter (ドクトゥル)
救急車	ambulan (アンブラン)
消防車	mobil pemadam kebakaran (モビル　プマダム　クバカラン)
私の家族	keluarga saya (クルアルガ　サヤ)
ガイド	pemandu wisata (プマンドゥ　ウィサタ)
日本語がわかる人	orang yang bisa bahasa Jepang (オラン　ヤン　ビサ　バハサ　ジパン)

[盗難に遭ったとき]

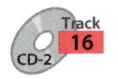

② かばんを盗まれました。
Tas saya dicuri.
タス　サヤ　ディチュリ

言い換え

財布	Dompet ドンペッ
携帯電話	HP ハーペー
タブレット端末	Tablet タブレッ
お金	Uang ウアン
クレジットカード	Kartu kredit カルトゥ クレディッ

[紛失したとき]

③ 航空券をなくしました。
Tiket pesawat saya hilang.
ティケッ　プサワッ　サヤ　ヒラン

言い換え

パスポート	Paspor パスポール
部屋のカギ	Kunci kamar クンチ　カマール
腕時計	Jam tangan ジャム　タンガン
指輪	Cincin チンチン

連絡を頼む

4 日本大使館に連絡をしてください。

Tolong hubungi Kedutaan Besar Jepang.
トロン　フブンギ　クドゥタアン　ブサール
ジパン

言い換え

ホテル	**hotel** ホテル
警察	**polisi** ポリシ
私の家族	**keluarga saya** クルアルガ　サヤ
ガイド	**pemandu wisata** プマンドゥ　ウィサタ
病院	**rumah sakit** ルマー　サキッ
旅行代理店	**agen perjalanan** アゲン　プルジャラナン
私	**saya** サヤ
この人	**orang ini** オラン　イニ

トラブルに遭ったときの定番フレーズ

日本語（英語）が話せる人はいますか。	**Apakah ada orang yang bisa bahasa Jepang (Inggris)?**
インドネシア語がわかりません。	**Saya tidak mengerti bahasa Indonesia.**
どうしたらいいですか。	**Saya harus bagaimana?**
日本大使館に連れて行ってください。	**Tolong antarkan saya ke Kedutaan Besar Jepang.**
電話をお借りしていいですか。	**Boleh saya pinjam telepon?**

トラブルに直面！

事故に遭ったとき・ケガをしたときの定番フレーズ

転びました。	**Saya jatuh.** サヤ　ジャトゥー
ケガをしました。	**Saya luka.** サヤ　ルカ
交通事故です。	**Kecelakaan lalu lintas.** クチュラカアン　ラル　リンタス
車にぶつけられました。	**Tertabrak mobil.** トゥルタブラッ　モビル
私を病院に連れて行ってください。	**Tolong antarkan saya ke rumah sakit.** トロン　アンタールカン　サヤ　ク　ルマー　サキッ
保険に入っています。	**Saya ada asuransi.** サヤ　アダ　アスランシ

トラブル予防

　フレンドリーな笑顔がすてきなインドネシアの人々。でも、残念ながら、どこにでも悪い人はいるものです…。夜遅くに外を出歩くことは避けた方が無難。夜遊びを楽しみたい時は、安全な帰りの足を確保した上で行動しましょう。また、スマホをいじりながら歩く、不注意にバッグを放置する、むやみに知らない人から勧められた飲食物を口にするなど、基本的なNG事項に注意したうえで旅行を楽しんでください。

病院で

[発症時期を伝える]

1 昨日からです。

Sejak kemarin.
スジャッ　クマリン

今朝	tadi pagi タディ　パギ
おととい	dua hari yang lalu ドゥア　ハリ　ヤン　ラル
先週	minggu lalu ミング　ラル
さっき	tadi タディ
夜中	tengah malam トゥンガー　マラム

おすすめアロマ

　薬はインドネシアでももちろん入手可能ですが、やっぱり日本での常備薬を持って行くのが安心。でも、ちょっと風邪の予感がしたり、エアコンで冷えたり、薬を飲むまでもないときは、騙されたと思って（？）コンビニや雑貨店で安く手に入るminyak kayu putih（カユプテ精油）を喉や胸、お腹に塗ってみてください。塗ったところがぽかぽかして、すっきりします。かゆみ止めにもなりますよ。詳しくは、「カユプテ」で検索を。

病院で

[医者に言われる]

② 入院しなくてはいけません。
Anda harus diopname.
アンダ　ハルス　ディオプナム

点滴を	diinfus ディインフス
注射を	disuntik ディスンティッ
麻酔を	dibius ディビウス
手術を	dioperasi ディオプラシ
薬を飲む	minum obat ミヌム　オバッ
ラボでより精密な検査を	diperiksa lebih lanjut di lab ディプリクサ　ルビー　ランジュッ ディ ラブ
安静に	istirahat イスティラハッ

病院で使う定番フレーズ

日本語（英語）が話せる医者はいますか。	**Apakah ada dokter yang bisa bahasa Jepang (Inggris)?** アパカー　アダ　ドクトゥル　ヤン　ビサ　バハサ　ジパン　イングリス
お腹が痛いです。	**Perut saya sakit.** プルッ　サヤ　サキッ
ここが痛いです。	**Sakit di sini.** サキッ ディ シニ
蚊（虫）に刺されました。	**Saya digigit nyamuk (serangga).** サヤ　ディギギッ　ニャムッ　スランガ
食欲がありません。	**Saya tidak ada nafsu makan.** サヤ　ティダッ　アダ　ナフス　マカン
薬アレルギーがあります。	**Saya ada alergi obat.** サヤ　アダ　アレルギ　オバッ
生理中です。	**Saya sedang mens.** サヤ　スダン　メンス
妊娠中です。	**Saya sedang hamil.** サヤ　スダン　ハミル
強い薬は服用したくありません。	**Saya tidak mau minum obat keras.** サヤ　ティダッ　マウ　ミヌム　オバッ　クラス
診断書をいただけますか。	**Bisa minta keterangan dokter?** ビサ　ミンタ　クトゥランガン　ドクトゥル

病院で

症状をあらわす単語

CD-2 Track 24

かゆい	gatal ガタル
痛い	sakit サキッ
吐く	muntah ムンター
吐き気がする	mual ムアル
熱がある	demam ドゥマム
咳	batuk バトゥッ
鼻水	ingus イングス
下痢	diare ディアレ
胃痛	sakit maag サキッ マア
頭痛	sakit kepala サキッ クパラ
だるい	lemas ルマス
暑い／熱い	panas パナス
寒い／冷たい	dingin ディンギン

病気の名前

風邪	flu フルー
鼻風邪	pilek ピルッ
デング熱	demam berdarah ドゥマム　ブルダラー
チフス	tifus ティフス
マラリア	malaria マラリア
疲れ	kecapean クチャペアン
炎症	radang ラダン

薬の種類

風邪薬	obat flu オバッ　フルー
頭痛薬	obat sakit kepala オバッ　サキッ　クパラ
胃薬	obat maag オバッ　マア
抗生物質	obat anti biotik オバッ　アンティ　ビオティッ
伝統的な薬	obat tradisional オバッ　トラディショナル

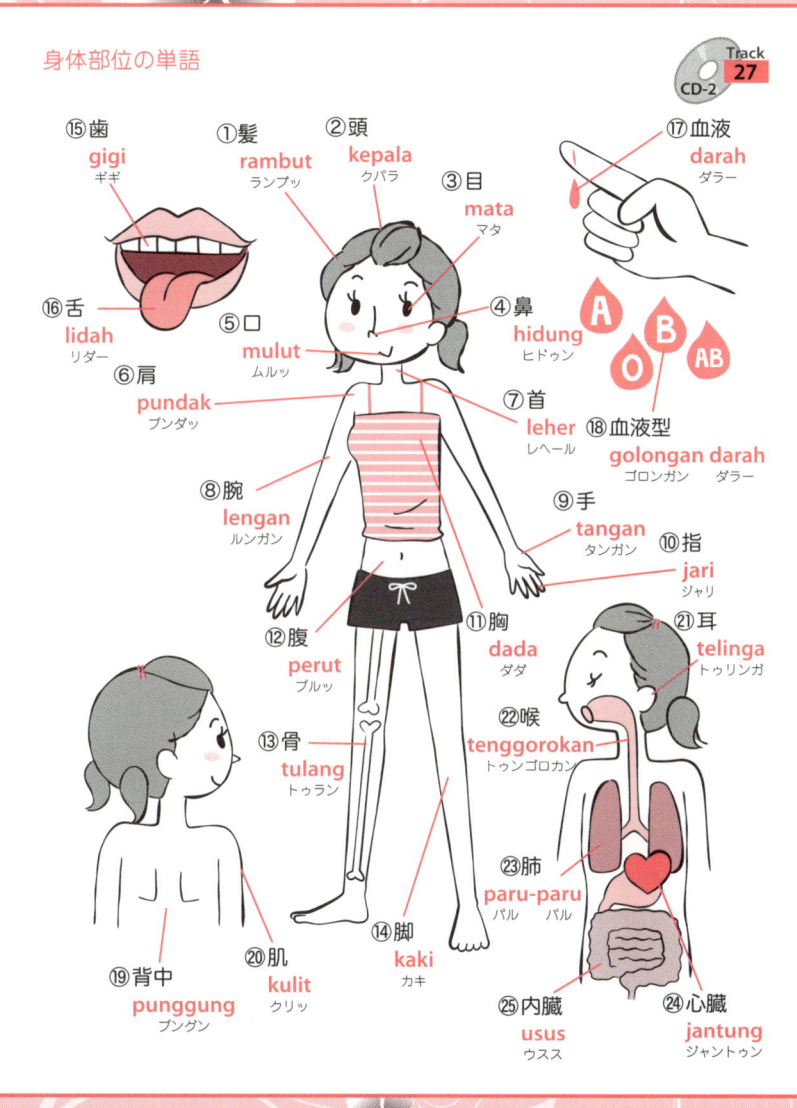

病院で

身体部位の単語

Track 27 CD-2

- ①髪 **rambut** ランブッ
- ②頭 **kepala** クパラ
- ③目 **mata** マタ
- ④鼻 **hidung** ヒドゥン
- ⑤口 **mulut** ムルッ
- ⑥肩 **pundak** プンダッ
- ⑦首 **leher** レヘール
- ⑧腕 **lengan** ルンガン
- ⑨手 **tangan** タンガン
- ⑩指 **jari** ジャリ
- ⑪胸 **dada** ダダ
- ⑫腹 **perut** プルッ
- ⑬骨 **tulang** トゥラン
- ⑭脚 **kaki** カキ
- ⑮歯 **gigi** ギギ
- ⑯舌 **lidah** リダー
- ⑰血液 **darah** ダラー
- ⑱血液型 **golongan darah** ゴロンガン ダラー
- ⑲背中 **punggung** プングン
- ⑳肌 **kulit** クリッ
- ㉑耳 **telinga** トゥリンガ
- ㉒喉 **tenggorokan** トゥンゴロカン
- ㉓肺 **paru-paru** パル パル
- ㉔心臓 **jantung** ジャントゥン
- ㉕内臓 **usus** ウスス

127

インドネシア語会話コラム5

アドゥー！

　ひとつ、とっても使える単語をご紹介します。
　それは、"Aduh"。
アドゥー
「痛い！」「いてっ！」（英語の ouch と一緒ですね）
「しまった！」「あちゃあ」（失敗したとき）
「ええー」「あーあ」（落胆したとき）
などなど、この一言であらゆるシチュエーションに対応できますし、短くて発音も簡単なのに「この日本人、おもしろいな」と、インパクトと笑いを提供することまでできてしまいます。
　例えば、

　Aduh, perut saya sakit! （ああ、お腹が痛い）
　アドゥー　プルッ　サヤ　サキッ
　Aduh, tiket saya hilang! （しまった、チケットがない！）
　アドゥー　ティケッ　サヤ　ヒラン
あるいはひたすら、
　Aduh, aduh aduh… （あ～あ～あ～…）
　アドゥー　アドゥー　アドゥー
などなど。

　トラブルについての会話は、当然、発生しないに越したことはありません。それでも、残念ながら何か起きてしまった場合は、とにかく落ち着いて。慣れない旅先のことですから、誰かしらに助けを求める必要があります。だから、大切なのは、助けてくれる方への感謝の気持ち（Terima kasih）と、「しめた。
テリマ　カシー
アドゥーがここで使えるな」と思えるような心の余裕を常に忘れずにいること。
　では、ご一緒に。
　アドゥー！

会話編

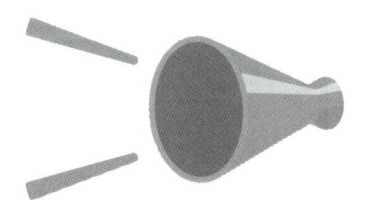

　インドネシア旅行の醍醐味は数あれど、一番楽しいのは、なんといってもフレンドリーなインドネシアの人々とのふれあいです。ここでは、会話のきっかけやあいづちに便利な言葉をご紹介しています。少しでも多くインドネシア語を使って、思い出深い旅にしましょう！

話のきっかけ

[自己紹介する]

1 私は学生です。

Saya mahasiswa.
サヤ　　マハシスワ

言い換え

主婦	**ibu rumah tangga** イブ　ルマー　タンガ
自営業	**wiraswasta** ウィラスワスタ
会社員	**karyawan swasta** カルヤワン　スワスタ
公務員	**pegawai negeri** プガワイ　ヌグリ
医者	**dokter** ドクトゥル
教師	**guru** グル
芸術家	**seniman** スニマン

話のきっかけ

趣味について話す

2 私の趣味は旅行です。

Hobi saya jalan-jalan.
ホピ　サヤ　ジャラン　ジャラン

サーフィン	surfing スルフィン
読書	baca buku バチャ　ブク
映画鑑賞	nonton film ノントン　フィルム
写真	fotografi フォトグラフィ
スポーツ	olah raga オラー　ラガ
サッカー	sepak bola セパッ　ボラ
バドミントン	bulu tangkis ブル　タンキス
絵を描くこと	melukis ムルキス
音楽	musik ムシッ
カラオケ	karaoke カラオケ
寝る（こと）	tidur ティドゥール
食べる（こと）	makan マカン

感情を伝える

3. 私は嬉しい／楽しいです。
Saya senang.
サヤ　スナン

言い換え

喜ぶ	gembira グンビラ
幸せ	bahagia バハギア
感動する	terharu トゥルハル
恥ずかしい	malu マル
悲しい	sedih スディー
怒る	marah マラー
怖い	takut タクッ
心配	khawatir カワティール

話のきっかけ

会話の定番フレーズ

お名前は何ですか。	**Namanya siapa?** ナマニャ シアパ
お仕事は何ですか。	**Kerjanya apa?** クルジャニャ アパ
年齢はいくつですか。	**Usianya berapa?** ウシアニャ ブラパ
趣味は何ですか。	**Hobinya apa?** ホビニャ アパ
どんな音楽が好きですか。	**Suka musik apa?** スカ ムシッ アパ
出身はどちらですか。	**Dari mana asalnya?** ダリ マナ アサルニャ
食事は済ませましたか。	**Sudah makan?** スダー マカン
はい、済ませました。	**Ya, sudah.** ヤ スダー
いいえ、まだです。	**Belum.** ブルム
どちらに行くところですか。	**Mau ke mana?** マウ ク マナ
ちょっと散歩に。	**Jalan-jalan saja.** ジャランジャラン サジャ
食事に行ってきます。	**Mau makan.** マウ マカン

定番あいづち

そうなんですか。	**Oh ya.** オー ヤ	
すごい！	**Hebat!** ヘバッ	
まさか！	**Masa!** マサ	
本当？	**Benar?** ブナール	
私もです。	**Saya juga.** サヤ ジュガ	
あ〜あ。	**Aduh.** アドゥー	

話のきっかけ

家族の単語

私	saya サヤ	夫	suami スアミ
お父さん	ayah アヤー	妻	istri イストゥリ
お母さん	ibu イブ	娘	anak perempuan アナッ　プルンプアン
しゅうと	ayah mertua アヤー　ムルトゥア	息子	anak laki-laki アナッ　ラキ　ラキ
しゅうとめ	ibu mertua イブ　ムルトゥア	孫	cucu チュチュ
おじいさん	kakek カケッ	恋人	pacar パチャール
おばあさん	nenek ネネッ	婚約者	tunangan トゥナンガン
おじさん	om オム	家族	keluarga クルアルガ
おばさん	tante タントゥ	親戚	saudara ソーダラ
お兄さん	kakak laki-laki カカッ　ラキ　ラキ		
お姉さん	kakak perempuan カカッ　プルンプアン		
弟	adik laki-laki アディッ　ラキ　ラキ		
妹	adik perempuan アディッ　プルンプアン		
いとこ	saudara sepupu ソーダラ　スププ		

インドネシア語会話コラム6

家族が一番

インドネシア人はとても家族を大切にします。家族との時間は何よりも優先し、親戚一同集まる機会も非常に多いものです。特に、自分を産んでくれた母親に対しては尊敬の念も深く、「Surga di telapak kaki ibu（天国は母の足下に）」ということわざもあるくらい。このことわざ通り、お母さんを非常に大切にするインドネシア人なので、男性の場合は日本人の感覚からするとマザコンのように見えますが、決してそういうわけではありません。

そんなインドネシア人と会話をするときは、自然と家族についての話題が増えます。

Ini nenek saya（これ、私のおばあちゃん）
イニ ネネッ サヤ
Itu nenek saya（あの人、私のおばあちゃん）
イトゥ ネネッ サヤ
Itu juga nenek saya（あの人も私のおばあちゃん）
イトゥ ジュガ ネネッ サヤ

みたいな調子で紹介され、おばあちゃんと呼ばれる人がやけに多くて驚くことも…。家族とみなされる範囲が広いんですね。

当然（？）、恋愛ネタも盛り上がりますので、"pacar"（恋人）
パチャール
という単語は覚えておきたいところ。ちなみに、恋人なしという意味のインドネシア語は若者言葉で"jomblo"と言います。
ジョンブロ
ウケること間違いなしなので、ちょっと試してみては？

すぐに使える
旅単語集 500

シーンごとに、役立つ単語をまとめました。旅先のさまざまなシーンで使える単語がすぐに見つかります。

機内・空港編

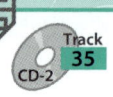

- 座席
  tempat duduk
  トゥンパッ ドゥドゥッ

- お手洗い
  toilet
  トイレッ

- 非常口
  pintu darurat
  ピントゥ ダルラッ

- シートベルト
  sabuk pengaman
  サブッ プンガマン

- 救命胴衣
  baju pelampung
  バジュ プランプン

- 時差
  perbedaan waktu
  プルベダアン ワクトゥ

- 目的地
  tempat tujuan
  トゥンパッ トゥジュアン

- 離陸
  lepas landas
  ルパス ランダス

- 着陸
  mendarat
  ムンダラッ

- 遅延
  terlambat
  トゥルランバッ

- 毛布
  selimut
  スリムッ

- 枕
  bantal
  バンタル

- ヘッドフォン
  headphone
  ヘッフォン

- 日本の新聞
  koran Jepang
  コラン ジパン

- 日本の雑誌
  majalah Jepang
  マジャラー ジパン

- 国内乗り換えをするところ
  tempat transit penerbangan
  トゥンパッ トランシッ プヌルバンガン
  domestik
  ドメスティッ

- 乗り継ぎ
  transit
  トランシッ

- 荷物受取所／ターンテーブル
  tempat pengambilan bagasi
  トゥンパッ プンガンビラン バガシ

- 到着ビザの窓口
  loket Visa on Arrival
  ロケッ フィサ オン アライファル

- 紛失手荷物窓口
  loket kehilangan barang
  ロケッ クヒランガン バラン

- カート
  troli
  トローリ

- スーツケース
  koper
  コポール

- 税関
  pabean
  パベアン

- 税関申告書
  pemberitahuan pabean
  プンブリタフアン　パベアン

- 出入国カード
  kartu imigrasi
  カルトゥ　イミグラシ

- 入国審査
  imigrasi
  イミグラシ

- パスポート
  paspor
  パスポール

- 案内所
  tempat informasi
  トゥンパッ　インフォルマシ

- チェックインカウンター
  counter check-in
  コントゥール　チェッキン

- タクシー乗り場
  taksi stand
  タクシー　ステン

- ダムリバス＊乗り場
  ＊空港連絡バス
  tempat naik bus DAMRI
  トゥンパッ　ナイク　ブス　ダムリ

- トラベル＊のカウンター
  ＊バンドン等の近郊に行くミニバス
  counter travel
  コントゥール　トラフェル

- レンタカーのカウンター
  counter mobil rental
  コントゥール　モビル　レンタル

- 両替所
  money changer
  マニー　チェンジャル

- ルピア
  Rupiah
  ルピア

- 5万ルピア札
  uang lima puluh ribuan
  ウアン　リマ　プルー　リブアン

- 日本円
  Yen Jepang
  イェン　ジパン

- シンガポールドル
  Dolar Singapura
  ドラール　シンガプラ

- 米ドル
  Dolar Amerika
  ドラール　アメリカ

- 小銭
  uang receh
  ウアン　レチェー

宿泊編

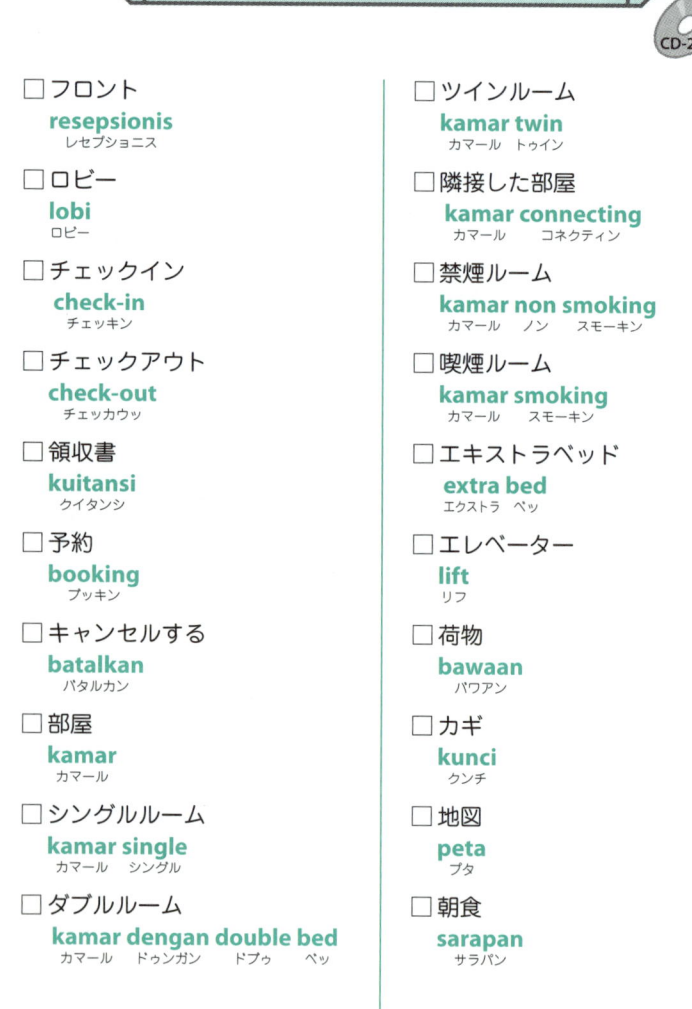

- [ ] フロント
  resepsionis
  レセプショニス
- [ ] ロビー
  lobi
  ロビー
- [ ] チェックイン
  check-in
  チェッキン
- [ ] チェックアウト
  check-out
  チェッカウツ
- [ ] 領収書
  kuitansi
  クイタンシ
- [ ] 予約
  booking
  ブッキン
- [ ] キャンセルする
  batalkan
  バタルカン
- [ ] 部屋
  kamar
  カマール
- [ ] シングルルーム
  kamar single
  カマール　シングル
- [ ] ダブルルーム
  kamar dengan double bed
  カマール　ドゥンガン　ドブゥ　ベッ
- [ ] ツインルーム
  kamar twin
  カマール　トゥイン
- [ ] 隣接した部屋
  kamar connecting
  カマール　コネクティン
- [ ] 禁煙ルーム
  kamar non smoking
  カマール　ノン　スモーキン
- [ ] 喫煙ルーム
  kamar smoking
  カマール　スモーキン
- [ ] エキストラベッド
  extra bed
  エクストラ　ベッ
- [ ] エレベーター
  lift
  リフ
- [ ] 荷物
  bawaan
  バワアン
- [ ] カギ
  kunci
  クンチ
- [ ] 地図
  peta
  プタ
- [ ] 朝食
  sarapan
  サラパン

〈施設〉

- 売店
  kios
  キオス

- レストラン
  restoran
  レストラン

- ジム
  gym
  ジム

- プール
  kolam renang
  コラム　　ルナン

- サウナ
  sauna
  サウナ

- スパ
  spa
  スパ

- ラウンジ
  lounge
  ラウンジ

- 会議室
  ruang meeting
  ルアン　　ミーティン

- バー
  bar
  バール

- 宴会場
  ballroom
  ボールーム

〈備品〉

- アイロン
  setrika
  ストゥリカ

- ドライヤー
  hair dryer
  ヘル　ドライヤル

- 体温計
  termometer
  トゥルモメトゥル

- プラグの変換アダプター
  adaptor colokan listrik
  アダプトール　チョロカン　リストリッ

- 湯沸かしポット
  ketel elektronik
  ケテル　エレクトロニッ

- 無線LAN
  WIFI
  ワイファイ

- タオル
  handuk
  ハンドゥッ

- スリッパ
  selop
  スロップ

- セーフティボックス
  safety deposit box
  セーフティ　デポシッ　ボックス

- トイレットペーパー
  tisu toilet
  ティス　トイレッ

飲食編

- □ 喫煙席
  meja smoking
  メジャ　スモーキン

- □ 禁煙席
  meja non-smoking
  メジャ　ノン　スモーキン

- □ 屋外席
  meja di luar
  メジャ　ディ ルアール

- □ 窓に近い席
  meja di dekat jendela
  メジャ　ディ　ドゥカッ　ジュンデラ

- □ 個室
  ruang privat
  ルアン　プリファッ

- □ 食事メニュー
  menu masakan
  メヌ　マサカン

- □ ドリンクメニュー
  menu minuman
  メヌ　ミヌマン

- □ 日本語メニュー
  menu bahasa Jepang
  メヌ　バハサ　ジパン

- □ 英語メニュー
  menu bahasa Inggris
  メヌ　バハサ　イングリス

- □ 写真付きメニュー
  menu dengan foto
  メヌ　ドゥンガン　フォト

- □ ウエートレス／ウエーター
  pelayan
  プラヤン

- □ フォーク
  garpu
  ガルプ

- □ スプーン
  sendok
  センドッ

- □ ナイフ
  pisau
  ピサウ

- □ 箸
  sumpit
  スンピッ

- □ 皿
  piring
  ピリン

- □ お椀
  mangkok
  マンコッ

- □ コップ
  gelas
  グラス

- □ つまようじ
  tusuk gigi
  トゥスッ　ギギ

- □ フィンガーボウル
  kobokan
  コボカン

- □ ろうそく *ハエよけ用
  lilin
  リリン

〈味〉

- [ ] おいしい
  enak
  エナッ

- [ ] 辛い
  pedas
  プダス

- [ ] 塩辛い
  asin
  アシン

- [ ] 甘い
  manis
  マニス

- [ ] 冷めている
  sudah dingin
  スダー　ディンギン

- [ ] 苦い
  pahit
  パヒッ

- [ ] すっぱい
  asam
  アサム

- [ ] うまみがある
  gurih
  グリー

- [ ] 腐った
  basi
  バシ

- [ ] 煮えた／熟した
  matang
  マタン

〈料理の種類〉

- [ ] インドネシア料理
  masakan Indonesia
  マサカン　インドネシア

- [ ] 郷土料理
  masakan lokal
  マサカン　ローカル

- [ ] シーフード
  seafood
  シーフーッ

- [ ] 中華料理
  masakan Cina
  マサカン　チナ

- [ ] 日本料理
  masakan Jepang
  マサカン　ジパン

- [ ] イタリア料理
  masakan Itali
  マサカン　イタリ

- [ ] ヨーロッパ料理
  masakan Eropa
  マサカン　エロパ

- [ ] ファストフード
  fastfood
  ファスフーッ

- [ ] ナシゴレン（焼き飯）屋台
  warung nasi goreng
  ワルン　ナシ　ゴレン

- [ ] 麺の屋台
  warung bakmi
  ワルン　バッミー

飲食編

〈料理〉

- □ ナシゴレン（焼き飯）
  nasi goreng
  ナシ　ゴレン

- □ やきそば
  mi goreng
  ミー　ゴレン

- □ やきとり
  sate ayam
  サテ　アヤム

- □ ピーナツソースがけゆで野菜のサラダ
  gado-gado
  ガド　ガド

- □ 鶏の唐揚げ
  ayam goreng
  アヤム　ゴレン

- □ オックステイルスープ（牛の尾の肉で煮込んだスープ）
  sop buntut
  ソップ　ブントゥッ

- □ ルンダン（西スマトラ風牛肉のココナツミルクスパイス煮）
  rendang
  ルンダン

- □ 鶏肉のココナツミルク煮
  opor ayam
  オポール　アヤム

- □ 生野菜
  lalapan
  ララパン

- □ 焼き魚
  ikan bakar
  イカン　バカール

- □ ご飯
  nasi putih
  ナシ　プティー

- □ 揚げテンペ（大豆の発酵食品）
  tempe goreng
  テンペ　ゴレン

- □ 揚げ豆腐
  tahu goreng
  タフ　ゴレン

- □ かき揚げ
  bakwan
  バッワン

- □ おかずせんべい
  kerupuk
  クルプッ

- □ 焼いた鶏肉
  ayam bakar
  アヤム　バカール

- □ ヤギ肉の串焼き
  sate kambing
  サテ　カンビン

- □ 色々なおかずがのったご飯
  nasi campur
  ナシ　チャンプール

- □ 中華麺
  bakmi
  バッミー

- □ 鶏肉入り麺
  mi ayam
  ミー　アヤム

Track 41

- ☐ 肉団子入り麺
  mi bakso
  ミー　バッソ

- ☐ 鶏肉のおかゆ
  bubur ayam
  ブブール　アヤム

- ☐ トースト
  roti bakar
  ロティ　バカール

- ☐ タマリンドの酸味野菜スープ
  （タマリンドの木の果実で酸味をつけたスープ）
  sayur asam
  サユール　アサム

- ☐ チキンスープ
  soto ayam
  ソト　アヤム

- ☐ ジャワ風牛肉の黒いスープ
  rawon
  ラウォン

- ☐ 豚の丸焼き
  babi guling
  バビ　グリン

- ☐ チリソース
  sambal
  サンバル

- ☐ 八宝菜
  cap cay
  チャプ チャイ

- ☐ 空芯菜の炒め物
  cah kangkung
  チャー　カンクン

〈デザート〉

- ☐ デザート
  pencuci mulut
  プンチュチ　ムルッ

- ☐ 果物
  buah-buahan
  ブアー　ブアハン

- ☐ アイスクリーム
  es krim
  エス　クリム

- ☐ ミックスかき氷
  es campur
  エス　チャンプル

- ☐ 揚げバナナ
  pisang goreng
  ピサン　ゴレン

- ☐ フルーツの甘辛ソースがけ
  rujak
  ルジャッ

- ☐ ゼリー
  agar-agar
  アガールアガール

- ☐ フルーツポンチ
  es buah
  エス　ブアー

- ☐ 緑豆ぜんざい
  bubur kacang hijau
  ブブール　カチャン　ヒジャウ

- ☐ 小豆入りかき氷
  es kacang merah
  エス　カチャン　メラー

飲食編

〈飲み物〉

- □ ドリンク
  minuman
  ミヌマン

- □ ミネラルウォーター
  air mineral
  アイル　ミネラル

- □ アイスティー
  es teh
  エス　テー

- □ ホットティー
  teh panas
  テー　パナス

- □ アイスコーヒー
  es kopi
  エス　コピ

- □ ホットコーヒー
  kopi panas
  コピ　パナス

- □ ボトル入りの甘いお茶
  teh botol
  テー　ボトル

- □ みかんジュース
  es jeruk
  エス　ジュルッ

- □ マンゴージュース
  jus mangga
  ジュス　マンガ

- □ ココナツジュース
  es kelapa muda
  エス　クラパ　ムダ

- □ アボカドジュース
  jus alpukat
  ジュス　アルプカッ

- □ コーラ
  Coca Cola
  コカ　コラ

- □ スイカジュース
  jus semangka
  ジュス　スマンガ

- □ ミルクソーダ（ソーダ＋練乳）
  soda susu
  ソダ　スス

- □ ハッピーソーダ（ファンタ＋練乳）
  soda gembira
  ソダ　グンビラ

- □ ヤシの蒸留酒
  arak
  アラッ

- □ ビール
  bir
  ビール

- □ パームワイン
  tuak
  トゥアッ

- □ 白ワイン
  anggur putih
  アングール　プティー

- □ 赤ワイン
  anggur merah
  アングール　メラー

〈食材〉

- 鶏肉
  daging ayam
  ダギン　アヤム

- 牛肉
  daging sapi
  ダギン　サピ

- 豚肉
  daging babi
  ダギン　バビ

- ヤギ肉
  daging kambing
  ダギン　カンビン

- 魚
  ikan
  イカン

- エビ
  udang
  ウダン

- イカ
  cumi-cumi
  チュミ　チュミ

- カニ
  kepiting
  クピティン

- 野菜
  sayuran
  サユラン

- 麺
  mi
  ミー

〈調味料〉

- 塩
  garam
  ガラム

- こしょう
  lada
  ラダ

- しょうゆ
  kecap asin
  ケチャップ　アシン

- 甘いしょうゆ
  kecap manis
  ケチャップ　マニス

- チリソース
  sambal
  サンバル

- 砂糖
  gula
  グラ

- 酢
  cuka
  チュカ

- トマトケチャップ
  saus tomat
  サオス　トマッ

- オイスターソース
  saus tiram
  サオス　ティラム

- 発酵させたエビのペースト
  terasi
  トゥラシ

買い物編

〈店の種類・名称〉

☐ 市場
pasar
パサール

☐ スーパーマーケット
super market
スプル　マルケッ

☐ コンビニ
mini market
ミニ　マルケッ

☐ ショッピングモール
mal
モル

☐ 薬局
apotek
アポテッ

☐ 書店
toko buku
トコ　ブク

☐ 土産物屋
toko oleh-oleh
トコ　オレー　オレー

☐ タバコ屋
warung rokok
ワルン　ロコッ

☐ 文具店
toko alat tulis
トコ　アラッ トゥリス

☐ 卸売店
toko grosir
トコ　グロシール

〈衣服の種類〉

☐ 婦人服
pakaian wanita
パケアン　ワニタ

☐ 紳士服
pakaian pria
パケアン　プリア

☐ 子供服
pakaian anak-anak
パケアン　アナッ　アナッ

☐ Ｔシャツ
kaos
カオス

☐ シャツ
kemeja
クメジャ

☐ ジャケット
jaket
ジャケッ

☐ ワンピース
dress
ドレス

☐ ズボン
celana
チュラナ

☐ 長ズボン
celana panjang
チュラナ　パンジャン

☐ 短パン
celana pendek
チュラナ　ペンデッ

- ジーンズ
  celana jins
  チュラナ　ジンス

- トップス
  atasan
  アタサン

- ボトムス
  bawahan
  バワハン

- 下着
  pakaian dalam
  パケアン　ダラム

- ブラジャー
  BH
  ベーハー

- パンツ（下着）
  celana dalam
  チュラナ　ダラム

- スカート
  rok
  ロッ

- ミニスカート
  rok mini
  ロッ　ミニ

- 水着
  baju renang
  バジュ　ルナン

- 海パン
  celana renang
  チュラナ　ルナン

〈衣服のデザイン〉

- 長袖
  lengan panjang
  ルンガン　パンジャン

- 半袖
  lengan pendek
  ルンガン　ペンデッ

- ノースリーブ
  you can see
  ユー　キャン　シー

- 伝統的な
  tradisional
  トラディショナル

- 最新の
  terbaru
  トゥルバル

- シンプルな
  simple
  シンプル

- カラフルな
  warna-warni
  ワルナ　ワルニ

- モダンな
  modern
  モデルン

- 流行の
  trend
  トレン

- フェミニンな
  feminin
  フェミニン

買い物編

〈衣服の色〉

- [ ] 赤
  merah
  メラー

- [ ] 青
  biru
  ビル

- [ ] 黄色
  kuning
  クニン

- [ ] 緑
  hijau
  ヒジャウ

- [ ] 白
  putih
  プティー

- [ ] 黒
  hitam
  ヒタム

- [ ] 茶色
  coklat
  チョクラッ

- [ ] グレー
  abu-abu
  アブ　アブ

- [ ] 紫
  ungu
  ウング

- [ ] オレンジ
  oranye
  オラニェ

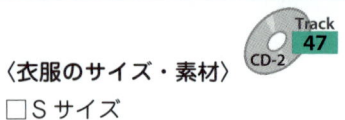

〈衣服のサイズ・素材〉

- [ ] Sサイズ
  ukuran S
  ウクラン　エス

- [ ] Mサイズ
  ukuran M
  ウクラン　エム

- [ ] Lサイズ
  ukuran L
  ウクラン　エル

- [ ] シルク
  sutra
  ストラ

- [ ] 綿
  katun
  カトゥン

- [ ] 麻
  linen
  リネン

- [ ] 革
  kulit
  クリッ

- [ ] 合成皮革
  kulit sintetis
  クリッ　シンテティス

- [ ] ポリエステル
  polyester
  ポリエステル

- [ ] ナイロン
  nilon
  ニロン

Track 47　CD-2

〈雑貨〉

□ お土産
oleh-oleh
オレー オレー

□ 地元製品
produk lokal
プロドゥッ ローカル

□ 本
buku
ブク

□ 文具
alat tulis
アラッ トゥリス

□ 食品
makanan
マカナン

□ 化粧品
kosmetik
コスメティッ

□ 財布
dompet
ドンペッ

□ ハンカチ
saputangan
サプタンガン

□ スカーフ
syal
シャル

□ ネクタイ
dasi
ダシ

□ 食器
alat makan
アラッ マカン

□ 置物
pajangan
パジャンガン

□ 写真フレーム
bingkai foto
ビンカイ フォト

□ 傘
payung
パユン

□ 帽子
topi
トピ

□ サングラス
kacamata hitam
カチャマタ ヒタム

□ 眼鏡
kacamata
カチャマタ

□ ベルト
ikat pinggang
イカッ ピンガン

□ 腕時計
jam tangan
ジャム タンガン

□ キーホルダー
gantungan kunci
ガントゥンガン クンチ

買い物編

〈かばん・靴〉

- [ ] かばん
  tas
  タス

- [ ] ショルダーバッグ
  tas selempang
  タス　スレンパン

- [ ] リュック
  tas ransel
  タス　ランセル

- [ ] スーツケース
  koper
  コポール

- [ ] 靴
  sepatu
  スパトゥ

- [ ] スニーカー
  sepatu keds
  スパトゥ　ケッズ

- [ ] サンダル
  sandal
  サンダル

- [ ] ビーチサンダル
  sandal jepit
  サンダル　ジュピッ

- [ ] ハイヒール
  sepatu hak tinggi
  スパトゥ　ハッ　ティンギ

- [ ] 革靴
  sepatu kulit
  スパトゥ　クリッ

〈装飾品〉

- [ ] アクセサリー
  aksesoris
  アクセソリス

- [ ] ネックレス
  kalung
  カルン

- [ ] イヤリング
  anting
  アンティン

- [ ] ブレスレット
  gelang
  グラン

- [ ] 指輪
  cincin
  チンチン

- [ ] ブローチ
  bros
  ブロス

- [ ] カチューシャ
  bando
  バンド

- [ ] ヘアアクセサリー
  aksesoris rambut
  アクセソリス　ランブッ

- [ ] 銀製品
  perak
  ペラッ

- [ ] 金製品
  emas
  ウマス

〈食料品〉

- [ ] マンゴー
  mangga
  マンガ

- [ ] パパイヤ
  pepaya
  ププャ

- [ ] みかん
  jeruk
  ジュルッ

- [ ] リンゴ
  apel
  アプル

- [ ] バナナ
  pisang
  ピサン

- [ ] ランブータン
  rambutan
  ランブータン

- [ ] ドリアン
  duren
  ドゥレン

- [ ] マンゴスチン
  manggis
  マンギス

- [ ] スイカ
  semangka
  スマンカ

- [ ] アボカド
  alpukat
  アルプカッ

- [ ] ココナツの実
  buah kelapa
  ブアー　クラパ

- [ ] ココナツミルク
  santan
  サンタン

- [ ] 塩漬け魚
  ikan asin
  イカン　アシン

- [ ] インドネシア風コーヒー（コーヒー豆の粒子をこさないで飲むもの）
  kopi tubruk
  コピ　トゥブルッ

- [ ] 白砂糖
  gula putih
  グラ　プティー

- [ ] 椰子砂糖
  gula merah
  グラ　メラー

- [ ] 粗塩
  garam kasar
  ガラム　カサール

- [ ] インスタント麺
  mi instan
  ミー　インスタン

- [ ] ナシゴレンの素
  bumbu nasi goreng instan
  ブンブ　ナシ　ゴレン　インスタン

- [ ] 粉末スープの素
  kaldu bubuk instan
  カルドゥ　ブブッ　インスタン

買い物編

〈インドネシア土産〉

- [ ] バティック＊布
  ＊ろうけつ染め
  kain batik
  カイン　バティッ

- [ ] バティック＊の服
  baju batik
  バジュ　バティッ

- [ ] 手描きのバティック＊
  batik tulis
  バティッ　トゥリス

- [ ] 織物の布
  kain ikat
  カイン　イカッ

- [ ] サロン（腰巻き布）
  sarung
  サルン

- [ ] クバヤ（伝統的な女性のブラウス）
  kebaya
  クバヤ

- [ ] 木彫りの置物
  patung kayu
  パトゥン　カユ

- [ ] テーブルクロス
  taplak meja
  タプラッ　メジャ

- [ ] ランチョンマット
  tatakan piring
  タタカン　ピリン

- [ ] コースター（コップ敷き）
  tatakan gelas
  タタカン　グラス

- [ ] ござ
  tikar
  ティカール

- [ ] お面
  topeng
  トペン

- [ ] 伝統楽器
  alat musik tradisional
  アラッ　ムシッ　トラディショナル

- [ ] ガムラン（銅鑼や鍵盤打楽器による伝統音楽）
  gamelan
  ガムラン

- [ ] （水牛の革製）影絵人形
  wayang kulit
  ワヤン　クリッ

- [ ] （木製）操り人形
  wayang golek
  ワヤン　ゴレッ

- [ ] 絵画
  lukisan
  ルキサン

- [ ] かご
  keranjang
  クランジャン

- [ ] アロマオイル
  minyak aromaterapi
  ミニャッ　アロマトゥラピ

- [ ] 工芸品
  barang kerajinan tangan
  バラン　クラジナン　タンガン

- [ ] 丁字タバコ
  (丁字入りの香り高いタバコ)
  rokok kretek
  ロコッ　クレテッ

- [ ] 骨董品
  barang antik
  バラン　アンティッ

- [ ] 木製
  kayu
  カユ

- [ ] ラタン製
  rotan
  ロタン

- [ ] アタ製
  ata
  アタ

- [ ] 鉄製
  besi
  ブシ

- [ ] 石製
  batu
  バトゥ

- [ ] 革製
  kulit
  クリッ

- [ ] 人形
  boneka
  ボネカ

- [ ] 家具
  furnitur
  フールニトゥール

〈日用品〉

- [ ] 日焼け止め
  sunblock
  サンブロッ

- [ ] ティッシュ
  tisu
  ティス

- [ ] 生理用品
  pembalut wanita
  プンバルッ　　ワニタ

- [ ] 電池
  baterai
  バットゥレ

- [ ] ひげそり
  silet cukur
  シレッ　チュクル

- [ ] タバコ
  rokok
  ロコッ

- [ ] ライター
  korek api
  コレッ　アピ

- [ ] 蚊よけスプレー
  semprot anti nyamuk
  スンプロッ　アンティ　ニャムッ

- [ ] 蚊よけローション
  lotion anti nyamuk
  ローション　アンティ　ニャムッ

- [ ] かゆみどめ
  obat gatal
  オバッ　ガタル

観 光 編

- ☐ 地図
  peta
  プタ

- ☐ 観光パンフレット
  brosur wisata
  ブロスール　ウィサタ

- ☐ 名刺
  kartu nama
  カルトゥ　ナマ

- ☐ ホームページのアドレス
  alamat website
  アラマッ　ウェプサイト

- ☐ 旅行代理店
  agen perjalanan
  アゲン　プルジャラナン

- ☐ 両替所
  money changer
  マニー　チェンジャル

- ☐ 入場料
  biaya masuk
  ビアヤ　マスッ

- ☐ 窓口
  loket
  ロケッ

- ☐ チケット
  tiket
  ティケッ

- ☐ 街
  kota
  コタ

- ☐ 建物
  gedung
  グドゥン

- ☐ 家
  rumah
  ルマー

- ☐ 市場
  pasar
  パサール

- ☐ 駅
  stasiun
  スタシウン

- ☐ バス停
  halte bus
  ハルテ　ブス

- ☐ バスターミナル
  terminal bus
  トゥルミナル　ブス

- ☐ 空港
  bandara
  バンダラ

- ☐ 写真
  foto
  フォト

- ☐ 芸術
  kesenian
  クスニアン

- ☐ スポーツ
  olahraga
  オラーラガ

〈場所〉

☐ 海岸
pantai
パンタイ

☐ 土産物屋
toko oleh-oleh
トコ　オレー　オレー

☐ 遺跡
tempat peninggalan sejarah
トゥンパッ　プニンガラン　スジャラー

☐ ヒンドゥー寺院
pura
プラ

☐ モスク
mesjid
ムスジッ

☐ 教会
gereja
グレジャ

☐ 仏教寺院
vihara
フィハラ

☐ ガムランコンサート
konser gamelan
コンセール　ガムラン

☐ 島
pulau
プラウ

☐ スンバ島の流鏑馬
pasola
パソラ

☐ 山
gunung
グヌン

☐ 川
sungai
スンガイ

☐ 湖
danau
ダナウ

☐ 滝
air terjun
アイル トゥルジュン

☐ 美術館
museum seni
ムシウム　スニ

☐ 動物園
kebun binatang
クブン　ビナタン

☐ 公園
taman
タマン

☐ 植物園
taman botani
タマン　ボタニ

☐ 遊園地
taman hiburan
タマン　ヒブラン

☐ 記念塔／記念碑
monumen
モヌメン

観光編

〈地名〉

- [ ] デンパサール
  Denpasar
  デンパサール

- [ ] ジャカルタ
  Jakarta
  ジャカルタ

- [ ] チマジャ
  Cimaja
  チマジャ

- [ ] ジョグジャカルタ
  Yogyakarta
  ジョグジャカルタ

- [ ] スラバヤ
  Surabaya
  スラバヤ

- [ ] メダン
  Medan
  メダン

- [ ] ムンタワイ
  Mentawai
  ムンタワイ

- [ ] マカッサル
  Makassar
  マカッサル

- [ ] ワイカブバック
  Waikabubak
  ワイカブバック

- [ ] メナド
  Manado
  マナド

〈アクティビティ〉

- [ ] 市内観光ツアー
  tur dalam kota
  トゥール　ダラム　コタ

- [ ] 島めぐり
  keliling pulau
  クリリン　プラウ

- [ ] 博物館めぐり
  keliling museum
  クリリン　ムシウム

- [ ] 遺跡めぐり
  keliling tempat peninggalan
  クリリン　トゥンパッ　プニンガラン
  sejarah
  スジャラー

- [ ] 村落めぐり
  keliling pedesaan
  クリリン　プデサアン

- [ ] ヨガ
  yoga
  ヨガ

- [ ] 登山
  mendaki gunung
  ムンダキ　グヌン

- [ ] サイクリング
  bersepeda
  ブルスペダ

- [ ] サーフィン
  surfing
  スルフィン

- [ ] ダイビング
  diving
  ダイフィン

- □ シュノーケリング
  snorkeling
  スノルクリン
- □ バナナボート
  banana boat
  バナナ　ボーツ
- □ ゴルフ
  golf
  ゴルフ
- □ 釣り
  memancing
  ムマンチン
- □ 川下り
  rafting
  ラフティン
- □ 舞踊レッスン
  les tari
  レス　タリ
- □ 料理教室
  kelas masak
  クラス　マサッ
- □ 伝統舞踊ショー
  pertunjukan tari tradisional
  プルトゥンジュカン　タリ　トラディショナル
- □ 影絵芝居
  pertunjukan wayang kulit
  プルトゥンジュカン　ワヤン　クリッ
- □ 巡礼
  berziarah
  ブルジアラー

〈リラックス＆ビューティ〉

- □ マッサージ
  pijat
  ピジャッ
- □ 足裏マッサージ
  pijat refleksi
  ピジャッ　レフレクシ
- □ 頭皮マッサージ
  creambath
  クレンバッ
- □ アロマオイルマッサージ
  pijat aromaterapi
  ピジャッ　アロマトゥラピ
- □ マニキュア
  manikur
  メニクール
- □ ペディキュア
  pedikur
  ペディクール
- □ フェイシャルエステ
  facial
  フェイシャル
- □ （ボディ）スクラブ
  luluran
  ルルラン
- □ 顔のツボマッサージ
  totok wajah
  トトッ　ワジャー
- □ ミルクバス
  mandi susu
  マンディ　スス

トラブル編

〈緊急事態〉

- 警察
  polisi
  ポリシ

- 警察署
  kantor polisi
  カントール　ポリシ

- 救急車
  ambulan
  アンブラン

- 消防車
  mobil pemadam kebakaran
  モビル　　プマダム　　クバカラン

- 交通事故
  kecelakaan lalu lintas
  クチュラカアン　　ラル　リンタス

- 紛失届け
  laporan kehilangan
  ラポラン　　クヒランガン

- 盗難
  pencurian
  プンチュリアン

- スリ
  copet
  チョペッ

- 詐欺
  penipuan
  プニプアン

- 火事
  kebakaran
  クバカラン

- 助け
  bantuan
  バントゥアン

- 電話
  telepon
  テレポン

- 警備員
  satpam
  サッパム

- 日本大使館
  Kedutaan Besar Jepang
  クドゥタアン　ブサール　ジパン

- 財布
  dompet
  ドンペッ

- お金
  uang
  ウアン

- クレジットカード
  kartu kredit
  カルトゥ　クレディッ

- （クレジットカードなどを）ブロックする
  blokir
  ブロキール

- パスポート
  paspor
  パスポール

- 旅行代理店
  agen perjalanan
  アゲン　　プルジャラナン

〈病気や怪我をしたとき①〉

- 日本語がわかる人
 orang yang bisa bahasa Jepang
 オラン　ヤン　ビサ　バハサ　ジパン

- 医者
 dokter
 ドクトゥル

- 看護師
 perawat
 ブラワッ

- 病院
 rumah sakit
 ルマー　サキッ

- 入院
 opname
 オプナム

- 検査
 pemeriksaan
 ブムリクサアン

- 点滴
 infus
 インフス

- 注射
 suntik
 スンティッ

- 麻酔
 bius
 ビウス

- 手術
 operasi
 オプラシ

- 病気
 penyakit
 プニャキッ

- ケガ
 luka
 ルカ

- 薬
 obat
 オバッ

- 処方箋
 resep
 レセップ

- 安静に
 istirahat
 イスティラハッ

- さっき
 tadi
 タディ

- 今朝
 tadi pagi
 タディ　パギ

- 昨日
 kemarin
 クマリン

- おととい
 dua hari yang lalu
 ドゥア　ハリ　ヤン　ラル

- 先週
 minggu lalu
 ミング　ラル

トラブル編

〈病気や怪我をしたとき②〉

- [ ] ウイルス
  virus
  フィルス

- [ ] 骨折
  patah tulang
  パター　トゥラン

- [ ] インフルエンザ
  influenza
  インフルエンザ

- [ ] 食中毒
  keracunan makanan
  クラチュナン　マカナン

- [ ] 発作
  serangan
  スランガン

- [ ] ぜんそく
  asma
  アスマ

- [ ] ねんざ
  keseleo
  クスレオ

- [ ] めまい
  pening
  プニン

- [ ] 出血
  pendarahan
  プンダラハン

- [ ] 目薬
  obat tetes mata
  オバッ　テテス　マタ

- [ ] 湿布
  kompres
  コンプレス

- [ ] 絆創膏
  plester
  プレステル

- [ ] 歯が痛い
  sakit gigi
  サキッ　ギギ

- [ ] 頭を打つ
  kepalanya terbentur
  クパラニャ　トゥルブントゥール

- [ ] 食欲がない
  kurang nafsu makan
  クラン　ナフス　マカン

- [ ] 内科
  internis
  イントゥルニス

- [ ] 外科
  ahli bedah
  アフリ　ブダー

- [ ] 小児科
  dokter anak
  ドクトゥル　アナッ

- [ ] 婦人科
  ahli kandungan
  アフリ　カンドゥンガン

- [ ] 歯医者
  dokter gigi
  ドクトゥル　ギギ

さくいん

【あ】

アイスクリーム・・・・・・・・・・・74/145
アイスコーヒー・・・・・・・・・・・72/146
アイスティー・・・・・・・・・・10/72/146
アイロン・・・・・・・・・・・・57/60/141
青・・・・・・・・・・・・・・・・・・・・86/150
青色の・・・・・・・・・・・・・・・・・・・・42
赤・・・・・・・・・・・・・・・・・・・・86/150
赤い・・・・・・・・・・・・・・・・・・・9/42
赤ワイン・・・・・・・・・・・・36/72/146
秋・・・・・・・・・・・・・・・・・・・・・・・28
開く・・・・・・・・・・・・・・・・・・・・・17
アクセサリー・・・・・・・・・・・・81/152
揚げテンペ・・・・・・・・・・・・・73/144
揚げ豆腐・・・・・・・・・・・・・・・73/144
揚げバナナ・・・・・・・・・・・・・74/145
朝・・・・・・・・・・・・・・・・・・・・・・・25
麻・・・・・・・・・・・・・・・・・・・・84/150
あさって・・・・・・・・・・・・・・・・・・・31
脚・・・・・・・・・・・・・・・・・・・・・・127
足裏マッサージ・・・・・・・・・109/159
明日・・・・・・・・・・・・・・・・・・・・・31
小豆入りかき氷・・・・・・・・・・・・145
アタ製・・・・・・・・・・・・・・・・・・・155
頭・・・・・・・・・・・・・・・・37/111/127
頭を打つ・・・・・・・・・・・・・・・・・162
暑い／熱い・・・・・・・・・・・・・・・125
あとで・・・・・・・・・・・・・・・・・・・・31
危ない！・・・・・・・・・・・・・・・・・116
アボカド・・・・・・・・・・・・・・・97/153
アボカドジュース・・・・・・・・・・・146
甘い・・・・・・・・・・・・・・14/74/143
甘いしょうゆ・・・・・・・・・・・・73/147
あまり高くないレストラン・・・・・・67
操り人形・・・・・・・・・・・・・・・94/154
粗塩・・・・・・・・・・・・・・・・・98/153
ありがとう・・・・・・・・・・・・・・18/42
アロマオイル・・・・・・・・・・・・95/154
アロマオイルマッサージ・・・109/159
安静に・・・・・・・・・・・・・・・・123/161
案内所・・・・・・・・・・・・・・・・45/139
いいえ・・・・・・・・・・・・・・・・・・・・19
いいですよ・・・・・・・・・・・・・・・・・19
家・・・・・・・・・・・・・・・・・・・・・・156
イカ・・・・・・・・・・・・・・・・・・・・147
行きたい・・・・・・・・・・・10/103/105
胃薬・・・・・・・・・・・・・・・・・・・・126
入口・・・・・・・・・・・・・・・・・・・・・16
いくつ・・・・・・・・・・・・・・・・23/133
いくら・・19/23/48/51/96/99/106
石製・・・・・・・・・・・・・・・・・・・・151
医者・・・・・・40/117/124/130/161
椅子・・・・・・・・・・・・・・・・・・60/75
遺跡・・・・・・・・・・・・・・・・・104/157
遺跡めぐり・・・・・・・・・・・・102/158
痛い・・・・・・・・・37/111/116/124/125
イタリア料理・・・・・・・・・・・・66/143
市場・・・・・・・・・・・80/104/148/156
一番安い部屋・・・・・・・・・・・・・・50
いつ・・・・・・・・・・・・・・・・・・・・・23
胃痛・・・・・・・・・・・・・・・・・・・・125
いとこ・・・・・・・・・・・・・・・・・・・135
今・・・・・・・・・・・・・・・・・・・・24/31
妹・・・・・・・・・・・・・・・・・・・・・・135
イヤリング・・・・・・・・・・・・・89/152
要りません・・・・・・・・・・・・・・・・・19
イルカ・・・・・・・・・・・・・・・・・・・112
色々なおかずがのったご飯・・・・・144
色々なトリートメントのパッケージ
・・・・・・・・・・・・・・・・・・・・・・・・109
インスタント麺・・・・・・・・・・98/153
インターネット・・・・・・・・・・・57/63
インターネットを使う・・・・・・・・・53
インドネシア産・・・・・・・・・・・・・・14
インドネシアの地図・・・・・・・・・102
インドネシア風コーヒー・・・・98/153
インドネシア料理・・・・・・・・・66/143
インフルエンザ・・・・・・・・・・・・162
ウイルス・・・・・・・・・・・・・・・・・162
上・・・・・・・・・・・・・・・・・・・・・・・32
ウエートレス／ウエーター
・・・・・・・・・・・・・・・・・・・・・75/142
ウェットティッシュ・・・・・・・・・・・92
雨期・・・・・・・・・・・・・・・・・・・・・28
浮輪・・・・・・・・・・・・・・・・・・・・113
後ろ・・・・・・・・・・・・・・・・・・・・・32
腕・・・・・・・・・・・・・・・・・・・・・・127
腕時計・・・・・・・・・・・・88/118/151
うまみがある・・・・・・・・・・・・・・143
海が見える部屋・・・・・・・・・・・・50
嬉しい・・・・・・・・・・・・・・・・・・132
エアコン・・・・・・・・・・・・・・・・・・60
エアコンのある食堂・・・・・・・・・・67
エアコンを弱くして・・・・・・・・・・47
映画鑑賞・・・・・・・・・・・・・・・・・131
英語メニュー・・・・・・・・・・・68/142
駅・・・・・・・・・・・・・・・16/46/156
エキストラベッド・・・・・・・・・51/140
エビ・・・・・・・・・・・・・・・・・・・147
エレベーター・・・・・・・・・・・16/55/140
絵を描くこと・・・・・・・・・・・・・131
宴会場・・・・・・・・・・・・・・・・55/141
炎症・・・・・・・・・・・・・・・・・・・126
鉛筆・・・・・・・・・・・・・・・・・・・・91
おいしい・・・・・・・・・14/74/77/143
おいしいレストラン・・・・・・・・・・67
オイスターソース・・・・・・・・・・147
オイリー肌・・・・・・・・・・・・・・・110
大きい・・・・・・・・・・・・・・・・・・・42
お母さん・・・・・・・・・・・・・・・・135
お菓子・・・・・・・・・・・・・・・・・・・43
おかずせんべい・・・・・・・・・73/144
お金・・・・・・・・・・・・・・・118/160
置物・・・・・・・・・・・・・・・・・・・151
屋外席・・・・・・・・・・・・・・・68/142
怒る・・・・・・・・・・・・・・・・・・・132
おじいさん・・・・・・・・・・・・・・135
おじさん・・・・・・・・・・・・・・・・135
おすすめ・・・・・・・・・・・・・・・・・70
お茶(茶葉)・・・・・・・・・・・・・・・・98
お茶(ティーバッグ)・・・・・・・・・98
オックステイルスープ・・・・・71/144
夫・・・・・・・・・・・・・・・・・・・・・135
お手洗い・・・・12/16/34/37/55/138
お父さん・・・・・・・・・・・・・・・・135
弟・・・・・・・・・・・・・・・・・・・・・135
おとうと・・・・・・・・・・・・・・122/161
お兄さん・・・・・・・・・・・・・・・・135
お姉さん・・・・・・・・・・・・・・・・135
おばあさん・・・・・・・・・・・・・・135
おばさん・・・・・・・・・・・・・・・・135
おはよう・・・・・・・・・・・・・・・・・18
お土産・・・・・・・・・10/43/81/151
オムレツ・・・・・・・・・・・・・・・・・59
お面・・・・・・・・・・・・・・・・94/154
泳ぐ・・・・・・・・・・・・・・・・・・・112
織物の布・・・・・・・・・・・・・・94/154
オレンジ(色)・・・・・・・・・・86/150
オレンジジュース・・・・・・・・36/59
卸売店・・・・・・・・・・・・・・・・・148
終わる・・・・・・・・・・・・・・・・・・17
お椀・・・・・・・・・・・・・・・・75/142
音楽・・・・・・・・・・・・・・・・・・・131

【か】

カーテン・・・・・・・・・・・・・・・・・60
カート・・・・・・・・・・・・41/45/139
貝・・・・・・・・・・・・・・・・・・・・・113
絵画・・・・・・・・・・・・・・・・95/154
海岸・・・・・・・・・・・・・104/112/157
会議室・・・・・・・・・・・・52/55/141
会社員・・・・・・・・・・・・・・40/130
買いたい・・・・・・・・・・・・・・・・10
ガイド・・・・・・・・・・・106/117/119
海パン・・・・・・・・・・・・・・82/149
顔のツボマッサージ・・・・・・・・159
鏡・・・・・・・・・・・・・・・・・・61/83
カギ・・・・・・・・・・・・・54/63/140
かき揚げ・・・・・・・・・・・・・73/144
家具・・・・・・・・・・・・・・・・・・・155
学生・・・・・・・・・・・・・・・・40/130
影絵芝居・・・・・・・・・・・・105/159
影絵人形・・・・・・・・・・・・・94/154
かご・・・・・・・・・・・・・・・・95/154
傘・・・・・・・・・・・・・・・・・・88/151
火事・・・・・・・・・・・・・・・116/160
風邪・・・・・・・・・・・・・・・・・・126
風邪薬・・・・・・・・・・・・・・・・・126
家族・・・・・・・・・・・・・・・・・・・135
家族に会う・・・・・・・・・・・・・・・38
肩・・・・・・・・・・・・・・・・111/127
肩こり・・・・・・・・・・・・・・・・・110
肩の痛み・・・・・・・・・・・・・・・110
カチューシャ・・・・・・・・・・89/152
カップ・・・・・・・・・・・・・・・・・・75
悲しい・・・・・・・・・・・・・・・・・132
カニ・・・・・・・・・・・・・・・112/147
かばん・・・・・・・・15/81/87/118/152
髪・・・・・・・・・・・・・・・・・・・・127
髪がパサパサする・・・・・・・・・110
ガムテープ・・・・・・・・・・・・・・・91
ガムラン・・・・・・・・・・・・・・・154
ガムランコンサート・・・・・105/157
かゆい・・・・・・・・・・・・・・92/155
かゆみどめ・・・・・・・・・・・・92/155
蚊よけスプレー・・・・・・・・・92/155
蚊よけローション・・・・・・・・・155
辛い・・・・・・・・・・・・8/14/74/143
カラオケ・・・・・・・・・・・・・・・131

163

語	ページ
カラフルな	149
革	84/150
川	157
川下り	107/159
革靴	87/152
革製	155
革製の	42
革製品	89
乾期	28
観光のため	38
観光パンフレット	102/156
看護師	161
乾燥肌	110
感動する	132
キーホルダー	88/151
黄色	86/150
季節	28
ギター	112
喫煙席	68/142
喫煙ルーム	50/140
キッズコーナー	52
記念塔	157
記念碑	157
昨日	31/122/161
木彫りの置物	94/154
キャッサバチップス	8
キャンセルする	53/140
救急車	117/160
牛(肉)	14/35/70/147
救命胴衣	138
今日	31
教会	104/157
教師	40/130
郷土料理	66/143
去年	31
気をつけて！	116
禁煙席	68/142
禁煙ルーム	50/140
銀行	44
金製品	89/152
銀製品	89/152
空港	11/156
空芯菜の炒め物	145
腐った	143
くし	61
薬	161
薬を飲む	123
果物	74/145
口	127
口紅	90
靴	81/152
クバヤ	94/154
首	111/127
首の痛み	110
雲	113
グレー	86/150
クレジットカード	96/118/160
クレジットで支払う	53
クレンジング	90
黒	86/150
黒い	42
クローゼット	60
警察	117/119/160
警察署	160
芸術	156
芸術家	130
携帯電話	118
警備員	117/160
ケガ	121/161
外科	162
今朝	122/161
景色	60
消しゴム	91
化粧品	43/81/151
血液	127
血液型	127
下痢	125
現金で支払う	53
検査	161
恋人	135
公園	157
航空券	118
工芸品	95/154
香水	90
合成皮革	84/150
抗生物質	126
紅茶	36/59
交通事故	121/160
公務員	40/130
コースター	94/154
コーヒー	8/36/59
コーラ	36/72/146
氷	9/36/76
国内乗り換え	38/138
ここ	15/18/76/106/124
午後	25
ここで停めて	47
ココナツジュース	72/146
ココナツの実	97/153
ココナツミルク	97/153
ここに行って	47
ござ	154
小皿	75
個室	68/142
腰の痛み	110
こしょう	73/98/147
小銭	44/96/139
午前	25
骨折	162
骨董品	155
コップ	60/75/142
今年	31
子供服	81/148
子供向け	35
このあたりの地図	102
この人	119
ご飯	11/70/73/144
ごめんなさい	18/116
ゴルフ	107/159
これより大きいもの	85
これより小さいもの	85
これより長いもの	85
これより短いもの	85
これを部屋まで運んで	54
怖い	132
コンセント	60
コンディショナー	58/61/92
こんにちは	18
こんばんは	18
コンビニ	12/56/80/148
婚約者	135
【さ】	
サーフィン	107/131/158
サーフボード	108/113
サイクリング	107/158
最新の	84/149
財布	88/118/151/160
サインペン	91
サウナ	52/55/141
魚	35/70/147
詐欺	160
先ほどの係の人と話す	53
座席	16/37/138
サッカー	131
さっき	31/122/161
(日本の)雑誌	34/138
砂糖	59/76/147
寒い	37/125
冷めている	74/143
さようなら	18
皿	75/142
サロン	88/154
サングラス	88/112/151
サンダル	87/152
幸せ	132
シーツ	60
シートベルト	138
シーフード	66/70/143
ジーンズ	82/149
自営業	40/130
塩	73/147
塩辛い	74/143
塩漬け魚	97/153
仕事	38/133
時差	138
静かな席	68
下	32
舌	127
下着	82/149
試着室	83
湿布	162
失礼します	18
自転車	108
自動車	108
市内観光	102
市内観光ツアー	158
島	105/113/157
島めぐり	102/158
ジム	16/52/55/141
閉める	17
地元製品	151
地元の米	98
地元の人に人気の食堂	67
ジャカルタ	103/158
蛇口	61
ジャケット	82/148
写真	11/15/106/131/156
写真付きメニュー	142
写真フレーム	151
シャツ	82/148
シャワー	61

164

さくいん

シャワー付きの部屋‥‥‥‥‥50
ジャワ島の地図‥‥‥‥‥‥‥9
ジャワ島牛肉の黒いスープ‥145
シャンプー‥‥‥‥‥58/61/92
集合‥‥‥‥‥‥‥‥‥‥‥17
住所‥‥‥‥‥‥‥‥‥11/48
しゅうと‥‥‥‥‥‥‥‥135
しゅうとめ‥‥‥‥‥‥‥135
熟した‥‥‥‥‥‥‥‥‥143
手術‥‥‥‥‥‥‥‥123/161
出血‥‥‥‥‥‥‥‥‥‥162
出入国カード‥‥‥‥‥34/139
出発‥‥‥‥‥‥‥17/23/111
シュノーケリング‥‥‥107/159
シュノーケリング器材‥‥‥108
(専業)主婦‥‥‥‥‥‥40/130
巡礼‥‥‥‥‥‥‥‥‥‥159
小児科‥‥‥‥‥‥‥‥‥162
消防車‥‥‥‥‥‥‥117/160
照明器具‥‥‥‥‥‥‥‥60
しょうゆ‥‥‥‥‥‥‥73/145
食事メニュー‥‥‥‥‥68/142
ジョグジャカルタ‥‥‥103/158
食中毒‥‥‥‥‥‥‥‥‥162
食パンを2枚‥‥‥‥‥‥‥42
食品‥‥‥‥‥‥‥‥81/151
植物園‥‥‥‥‥‥‥‥‥157
食欲がない‥‥‥‥‥‥‥162
除光液‥‥‥‥‥‥‥‥‥90
食器‥‥‥‥‥‥‥‥‥‥151
ショッピングモール‥‥‥80/148
書店‥‥‥‥‥‥‥12/80/148
処方箋‥‥‥‥‥‥‥‥‥161
処方薬‥‥‥‥‥‥‥‥‥43
ショルダーバッグ‥‥‥‥‥152
シリアル‥‥‥‥‥‥‥‥‥59
シルク(絹)‥‥‥‥‥14/84/150
シルバーの‥‥‥‥‥‥‥42
白‥‥‥‥‥‥‥‥‥86/150
白砂糖‥‥‥‥‥‥‥98/153
白ワイン‥‥‥‥‥36/72/146
シンガポールドル‥‥‥44/139
シングルルーム‥‥‥‥50/140
紳士服‥‥‥‥‥‥‥81/148
真珠付きの‥‥‥‥‥‥‥89
親戚‥‥‥‥‥‥‥‥‥‥135
親戚の家‥‥‥‥‥‥‥‥39
心臓‥‥‥‥‥‥‥‥‥‥127
心配‥‥‥‥‥‥‥‥‥‥132
シンプルな‥‥‥‥‥‥‥149
(日本の)新聞‥‥‥‥‥34/138
酢‥‥‥‥‥‥‥‥‥‥‥147
スイカ‥‥‥‥‥‥‥97/153
スイカジュース‥‥‥‥‥‥146
スーツケース‥‥11/45/87/139/152
スーパーマーケット‥‥‥80/148
スカート‥‥‥‥‥‥‥82/149
スカーフ‥‥‥‥‥‥‥88/151
スクラブ‥‥‥‥‥‥‥‥90
頭痛‥‥‥‥‥‥‥‥110/125
頭痛薬‥‥‥‥‥‥‥‥‥126
すっぱい‥‥‥‥‥‥‥‥143
砂‥‥‥‥‥‥‥‥‥‥‥112
スニーカー‥‥‥‥‥‥87/152
スパ‥‥‥‥‥‥12/52/55/141
スプーン‥‥‥‥‥‥‥75/142
スポーツ‥‥‥‥‥‥131/156
ズボン‥‥‥‥‥‥‥82/148
すみません‥‥‥‥‥‥18/37
スラバヤ‥‥‥‥‥‥103/158
スリ‥‥‥‥‥‥‥‥116/160
スリッパ‥‥‥‥‥‥‥87/141
スンバ島の流鏑馬‥‥‥105/157
税関‥‥‥‥‥‥‥‥45/139
税関申告書‥‥‥‥‥34/139
生理用品‥‥‥‥‥‥92/155
セーフティボックス‥‥‥60/141
セール品‥‥‥‥‥‥‥‥83
咳‥‥‥‥‥‥‥‥‥‥‥125
席‥‥‥‥‥‥‥‥34/37/69
石けん‥‥‥‥‥‥58/61/92
セットメニュー‥‥‥‥‥‥70
背中‥‥‥‥‥‥‥‥‥‥127
ゼリー‥‥‥‥‥‥‥‥‥145
セロテープ‥‥‥‥‥‥‥91
先週‥‥‥‥‥‥‥‥122/161
ぜんそく‥‥‥‥‥‥‥‥162
扇風機‥‥‥‥‥‥‥‥‥75
洗面台‥‥‥‥‥‥‥‥‥61
外‥‥‥‥‥‥‥‥‥‥‥32
ソファ‥‥‥‥‥‥‥‥‥60
村落めぐり‥‥‥‥‥102/158

【た】

ターンテーブル‥‥‥‥45/138
体温計‥‥‥‥‥‥‥57/141
大丈夫‥‥‥‥‥‥‥‥‥19
ダイビング‥‥‥‥‥107/158
ダイビング器材‥‥‥‥‥108
太陽‥‥‥‥‥‥‥‥‥‥112
タオル‥‥‥‥‥‥61/92/141
タオルをもう1枚‥‥‥‥‥58
滝‥‥‥‥‥‥‥‥‥‥‥157
タクシー‥‥‥‥‥‥‥‥‥11
タクシー乗り場‥‥‥‥46/139
タクシーを呼んで‥‥‥‥‥54
助け‥‥‥‥‥‥‥‥‥‥160
助けて！‥‥‥‥‥‥‥‥19
建物‥‥‥‥‥‥‥‥22/156
棚‥‥‥‥‥‥‥‥‥‥‥83
楽しい‥‥‥‥‥‥‥‥‥132
タバコ‥‥‥‥‥‥‥15/92/155
タバコ屋‥‥‥‥‥‥80/148
ダブルルーム‥‥‥‥50/140
タブレット端末‥‥‥‥‥118
食べる(こと)‥‥‥‥‥‥131
卵‥‥‥‥‥‥‥‥‥‥‥98
タマリンドの酸味野菜スープ‥145
ダムリバス乗り場‥‥‥46/139
だるい‥‥‥‥‥‥‥‥‥125
誰‥‥‥‥‥‥‥‥‥‥‥22
短パン‥‥‥‥‥‥‥82/148
小さい‥‥‥‥‥‥‥‥‥42
チェックアウト‥‥‥10/53/140
チェックイン‥‥‥‥‥53/140
チェックインカウンター‥‥45/139
遅延‥‥‥‥‥‥‥‥‥‥138
チキンスープ‥‥‥‥‥‥145
チケット‥‥‥‥‥‥‥‥156
地図‥‥‥‥‥‥54/81/140/156
チフス‥‥‥‥‥‥‥‥‥126
チマジャ‥‥‥‥‥‥103/158
茶色‥‥‥‥‥‥‥‥86/150
着陸‥‥‥‥‥‥‥‥‥‥138
中華麺‥‥‥‥‥‥‥‥‥144
中華料理‥‥‥‥‥‥66/143
中くらいの‥‥‥‥‥‥‥42
注射‥‥‥‥‥‥‥‥123/161
丁子タバコ‥‥‥‥‥95/155
朝食‥‥‥‥‥‥‥‥51/140
ちょっと待って‥‥‥‥‥‥18
チリソース‥‥‥‥‥73/145/147
ツアーに参加‥‥‥‥‥‥‥55
ツインルーム‥‥‥‥50/140
疲れ‥‥‥‥‥‥‥‥‥‥126
妻‥‥‥‥‥‥‥‥‥‥‥135
つまようじ‥‥‥‥‥‥75/142
爪切り‥‥‥‥‥‥‥‥‥13
冷たい‥‥‥‥‥‥‥‥‥125
釣り‥‥‥‥‥‥‥‥107/159
釣りをする‥‥‥‥‥‥‥113
手‥‥‥‥‥‥‥‥‥‥‥127
ティッシュ‥‥‥‥58/75/92/155
定年退職者‥‥‥‥‥‥‥40
テーブル‥‥‥‥‥‥60/75
テーブルクロス‥‥‥‥94/154
手描きのバティック‥‥‥‥154
出口‥‥‥‥‥‥‥‥‥‥32
デザート‥‥‥‥‥70/74/145
手助け‥‥‥‥‥‥‥‥‥8
手帳‥‥‥‥‥‥‥‥‥‥91
鉄製‥‥‥‥‥‥‥‥‥‥155
テレビ‥‥‥‥‥‥‥‥‥60
店員‥‥‥‥‥‥‥‥‥‥83
デング熱‥‥‥‥‥‥‥‥126
電池‥‥‥‥‥‥‥13/92/155
点滴‥‥‥‥‥‥‥‥123/161
伝統楽器‥‥‥‥‥‥94/154
伝統的な‥‥‥‥‥‥84/149
伝統的な薬‥‥‥‥‥‥‥126
伝統舞踊ショー‥‥‥‥105/159
デンパサール‥‥‥‥103/158
電話‥‥‥‥‥‥‥15/60/160
トイレットペーパー‥‥‥9/58/141
唐辛子‥‥‥‥‥‥‥‥76/97
到着ピザの窓口‥‥‥‥38/138
盗難‥‥‥‥‥‥‥‥‥‥160
頭皮マッサージ‥‥‥109/159
動物園‥‥‥‥‥‥‥105/157
トースト‥‥‥‥‥‥‥‥145
読書‥‥‥‥‥‥‥‥‥‥131
どこから‥‥‥‥‥‥‥‥22
どこで‥‥‥‥‥‥‥‥‥22
どこに‥‥‥‥‥‥‥‥‥22
どこへ‥‥‥‥‥‥‥‥‥22
登山‥‥‥‥‥‥‥‥107/158
トップス‥‥‥‥‥‥‥‥149
どのように‥‥‥‥‥23/77/79
トマトケチャップ‥‥‥‥‥147
ドライヤー‥‥‥‥‥57/61/141
トラベルのカウンター‥‥46/139
トランクを開けて‥‥‥‥‥47

ドリアン	97/153
ドリアンの季節	28
鶏(肉)	35/70/147
鶏肉入り麺	144
鶏肉のおかゆ	59/145
鶏肉のココナツミルク煮	71/144
鶏の唐揚げ	8/71/144
ドリンク	70/146
ドリンクメニュー	68/142
泥棒！	116

【な】

内科	162
内臓	127
ナイフ	142
ナイロン	150
中	32
長ズボン	148
長袖	84/149
ナシゴレン	10/59/71/144
ナシゴレンの素	98/153
ナシゴレン屋台	67/143
なぜ	23
夏	28
何	14/22/99/111/133
生野菜	71/144
波	113
何時	17/24/56/111
煮えた	143
苦い	143
ニキビ	110
肉団子入り麺	145
日用必需品	43
日光浴する	113
日本円	44/139
日本語がわかる人	117/161
日本語メニュー	68/142
日本大使館	119/120/160
日本に電話をする	53
日本の雑誌	34/138
日本の新聞	34/138
日本料理	66/143
荷物	140
荷物受取所	41/138
荷物を預かって	54
荷物を預ける	53
入院	123/161
入国審査	45/139
入場料	106/164
庭が見える部屋	50
人気のレストラン	67
人形	155
抜け毛	110
ネクタイ	88/151
熱がある	125
ネックレス	89/152
寝る(こと)	131
ねんざ	162
ノースリーブ	84/149
ノート	91
喉	127
のり	91
乗り継ぎ	45/138

【は】

歯	127
バー	55/141
バームワイン	146
はい	19
肺	127
バイク	108
灰皿	75
歯医者	162
売店	141
ハイヒール	87/152
パウダー	90
歯が痛い	162
ハガキ	13
吐き気がする	125
吐く	125
博物館めぐり	102/158
はさみ	91
箸	75/142
始まる	17
恥ずかしい	132
バスターミナル	156
バスタオル	9
バスタブ	61
バスタブ付きの部屋	50
バス停	156
パスポート	45/118/139/160
肌	127
パック	90
発酵させたエビのペースト	147
ハッピーソーダ	146
八宝菜	145
バティック	22/81
バティック布	13/94/154
バティックの服	154
バドミントン	131
鼻	127
鼻風邪	126
はなせ！	116
バナナ	97/153
バナナボート	159
鼻水	125
パパイヤ	97/153
歯ブラシ	88/151
歯磨き粉	13/58/61/92
早く来てください！	116
腹	124/127
パラソル	113
春	28
バルコニー	60
ハンガー	83
ハンカチ	88/151
絆創膏	162
半袖	84/149
パンツ(下着)	149
半日	26
ビーチサンダル	87/113/152
ビーチ沿いのカフェ	67
ビーチチェア	113
ビーチバレー	112
ピーナツソースがけゆで野菜の サラダ	71/144
ビール	36/73/112/146
ひげそり	61/155

ビジネスセンター	52
美術館	105/157
非常口	34/138
左	32
日焼け止め	90/155
病院	119/121/161
病気	161
美容室	55
昼	25
ピンク	86
便せん	58/91
ビンタンビール	9
ヒンドゥー寺院	104/157
ファストフード	66/143
ファックスを送る	53
フィンガーボウル	75/142
封筒	58/91
プール	12/52/55/141
フェイシャルエステ	109/159
フェミニンな	149
フォーク	75/142
服	83
フケ	110
婦人科	162
婦人服	81/148
豚肉	70/147
豚の丸焼き	70/147
仏教寺院	104/157
舟	112
冬	28
舞踊レッスン	159
プラグの変換アダプター	57/141
ブラジャー	149
フルーツの甘辛ソースがけ	145
フルーツポンチ	145
ブレスレット	89/152
ブローチ	89/152
ブロックする	160
フロント	140
文具	81/151
文具店	148
紛失手荷物窓口	41/45/138
紛失届け	160
粉末スープの素	98/153
ヘアアクセサリー	89/152
ヘアピン	89
米ドル	44/139
ベージュ	86
ベッド	60
ヘッドフォン	34/138
ペディキュア	109/159
部屋	140
部屋につけて	54
部屋のカギ	118
部屋を替える	53
ベルト	88/151
便器	61
帽子	88/151
宝石付きの	
ホームページのアドレス	102/156
ボールペン	91
他の色	86
ポストカード	91
発作	162

さくいん

ホットコーヒー・・・・・・・・・・73/146
ホットティー・・・・・・・・・・・73/146
ボディスクラブ・・・・・・・・109/159
ボディソープ・・・・・・・・・・・・・・61
ボディローション・・・・・・・・・・・90
ホテル・・・・・・・・・・・・・・17/119
ボトムス・・・・・・・・・・・・・・・・149
ボトル入りの甘いお茶・・・・・・73/146
骨・・・・・・・・・・・・・・・・・・・・127
ポリエステル・・・・・・・・・・84/150
本・・・・・・・・・・・・・・・・・81/151

【ま】

前・・・・・・・・・・・・・・・・・・・・・32
マカッサル・・・・・・・・・・・103/158
枕・・・・・・・・・・・・・・34/60/138
枕をもう1つ・・・・・・・・・・・・・58
孫・・・・・・・・・・・・・・・・・・・・135
麻酔・・・・・・・・・・・・・・123/161
まだです・・・・・・・・・・・・19/133
街・・・・・・・・・・・・・・・・・・・・156
町が見える部屋・・・・・・・・・・・50
マッサージ・・・・・・・・・・・・・・159
マッサージ師・・・・・・・・・・・・113
窓・・・・・・・・・・・・・・・・・・・・・60
窓口・・・・・・・・・・・・・・16/156
窓に近い席・・・・・・・・・・68/142
マニキュア・・・・・・・・90/109/159
マネージャー・・・・・・・・・・・・117
マラリア・・・・・・・・・・・・・・・・126
マンゴー・・・・・・・・・・・・97/153
マンゴージュース・・・・・・・73/146
マンゴスチン・・・・・・・・・・97/153
みかん・・・・・・・・・・・・・97/153
みかんジュース・・・・・・・8/73/146
右・・・・・・・・・・・・・・・・・・・・・32
湖・・・・・・・・・・・・・・・・・・・・157
水着・・・・・・・・・・・・・・82/149
道・・・・・・・・・・・・・・・・・・・・・11
ミックスかき氷・・・・・・・・・74/145
緑・・・・・・・・・・・・・・・・86/150
ミニスカート・・・・・・・・・・・・149
ミニバー・・・・・・・・・・・・・・・・60
ミネラルウォーター
・・・・・・・・・・9/36/58/73/146
耳・・・・・・・・・・・・・・・・・・・・127
土産物屋・・・・・・・・80/104/148/157
ミルク・・・・・・・・・・・・・・・・・・59
ミルクソーダ・・・・・・・・・・・・146
ミルクバス・・・・・・・・・・・・・・159
無職・・・・・・・・・・・・・・・・・・・40
息子・・・・・・・・・・・・・・・・・・135
娘・・・・・・・・・・・・・・・・・・・・135
無線LAN・・・・・・・・・・・57/141
胸・・・・・・・・・・・・・・・・・・・・127
紫・・・・・・・・・・・・・・・・86/150
ムンタワイ・・・・・・・・・・・103/158
目・・・・・・・・・・・・・・・・・・・・127
名刺・・・・・・・・・・・・54/102/156
眼鏡・・・・・・・・・・・・・・88/151
目薬・・・・・・・・・・・・・・・・・・162
目覚まし時計・・・・・・・・・・・・・60
目玉焼き・・・・・・・・・・・・・・・59
メダン・・・・・・・・・・・・・・103/158

メッセージを託す・・・・・・・・・・・10
メナド・・・・・・・・・・・・・103/158
メニュー・・・・・・・・・・・8/68/75
めまい・・・・・・・・・・・・・・・・162
メモ帳・・・・・・・・・・・・・・・・・91
綿・・・・・・・・・・・・・・・・84/150
麺・・・・・・・・・・・・・・・・70/147
麺の屋台・・・・・・・・・・・・67/143
もう1泊する・・・・・・・・・・・・・53
もう1杯・・・・・・・・・・・・・・・36
毛布・・・・・・・・・・・34/60/138
毛布をもう1枚・・・・・・・・・・・58
木製・・・・・・・・・・・・・・・・・・155
目的地・・・・・・・・・・・・・・・・138
もぐる・・・・・・・・・・・・・・・・・112
モスク・・・・・・・・・・・・・104/157
モダンな・・・・・・・・・・・・・・・149
もっと大きい・・・・・・・・・・・・・13
もっと小さい・・・・・・・・・・・・・13
もっとゆっくり走って・・・・・・・・47

【や】

焼いた鶏肉・・・・・・・・・・・・・144
焼き魚・・・・・・・・・・・・・71/144
やきそば・・・・・・・・・・・・71/144
やきとり・・・・・・・・・・・・71/144
ヤギ肉・・・・・・・・・・・・・・・・147
ヤギ肉の串焼き・・・・・・・・・・144
野菜・・・・・・・・・・・・・・70/147
椰子砂糖・・・・・・・・・・・98/153
ヤシの木・・・・・・・・・・・・・・112
ヤシの蒸留酒・・・・・・・・・・・146
ヤシの実・・・・・・・・・・・・・・112
薬局・・・・・・・・・・・・・・80/148
ヤドカリ・・・・・・・・・・・・・・・113
山・・・・・・・・・・・・・・・105/157
山が見える部屋・・・・・・・・・・・50
やめて!・・・・・・・・・・・・・・・116
遊園地・・・・・・・・・・・・・・・・157
夕方・・・・・・・・・・・・・・・・・・・25
友人の家・・・・・・・・・・・・・・・39
郵便局・・・・・・・・・・・・・・・・・12
有名な・・・・・・・・・・・・・・・・・66
床・・・・・・・・・・・・・・・・・・・・・61
ゆで卵・・・・・・・・・・・・・・・・・59
指・・・・・・・・・・・・・・・・・・・・127
指輪・・・・・・・・・・・・89/118/152
湯沸かしポット・・・・・・57/60/141
用具・・・・・・・・・・・・・・・・・108
ヨーグルト・・・・・・・・・・・・・・・59
ヨーロッパ料理・・・・・・・・・・・143
ヨガ・・・・・・・・・・・・・・107/158
ヨガマット・・・・・・・・・・・・・・108
浴室・・・・・・・・・・・・・・・・・・・61
横・・・・・・・・・・・・・・・・・・・・・32
予定より早く発つ・・・・・・・・・・53
夜中・・・・・・・・・・・・・・・・・・122
予約・・・・・・・・・・・53/56/69/140
夜・・・・・・・・・・・・・・・・・・・・・25
喜ぶ・・・・・・・・・・・・・・・・・132

【ら】

ライター・・・・・・・・・・・・92/155
来年・・・・・・・・・・・・・・・・・・31

ラウンジ・・・・・・・・・・・・52/141
ラジオを消して・・・・・・・・・・・47
ラタン製・・・・・・・・・・・・・・・155
ラボでより精密な検査を・・・・・123
ランチョンマット・・・・・・・94/154
ランブータン・・・・・・・・・97/153
リップクリーム・・・・・・・・・・・・90
リモコン・・・・・・・・・・・・・・・・60
留学・・・・・・・・・・・・・・・・・・・38
流行の・・・・・・・・・・・・・・・・149
リュック・・・・・・・・・・・・87/152
寮・・・・・・・・・・・・・・・・・・・・・39
両替・・・・・・・・・・・・・・・・・・・10
両替所・・・・・・・・44/45/104/139/156
領収書・・・・・・・・・・・44/54/140
料理教室・・・・・・・・・・・107/159
緑茶・・・・・・・・・・・・・・・・・・・36
緑豆ぜんざい・・・・・・・・・・・145
旅行・・・・・・・・・・・・・・・・・・131
旅行者に人気の食堂・・・・・・・・67
旅行代理店・・・・104/119/156/160
離陸・・・・・・・・・・・・・・・・・・138
リンゴ・・・・・・・・・・・・・97/153
隣接した部屋・・・・・・・・・50/140
ルピア・・・・・・・・・・・・・44/139
ルンダン・・・・・・・・・・・・71/144
レジ・・・・・・・・・・・・・・・・・・・83
レストラン・・・・・・・・・52/55/141
レンタカーのカウンター・・・・46/139
レンタル・・・・・・・・・・・・・・・・39
ろうそく・・・・・・・・・・・・75/142
ロビー・・・・・・・・・・・・・・・・140

【わ】

ワイカプバック・・・・・・・・103/158
わかりません・・・・・・・・・18/120
私・・・・・・・・・・・・・・11/119/135
私の家族・・・・・・・・・・・117/119
ワンピース・・・・・・・・・・82/148

【数字・英語】

~便のターンテーブル・・・・・・・・41
1時間・・・・・・・・・・・・・・・・・26
1日／1週間／1年・・・・・・・・26
1ヵ月・・・・・・・・・・・・・・・26/39
1泊あたり・・・・・・・・・・・・・・51
1人あたり・・・・・・・・・・・・・・51
2時間コース・・・・・・・・・・・109
2週間・・・・・・・・・・・・・・・・・39
3日間・・・・・・・・・・・・・・・・・39
5万ルピア札・・・・・・・・・44/139
10日間・・・・・・・・・・・・・・・・39
ATM・・・・・・・・・・・・・・・・・・12
Lサイズ・・・・・・・・・・・・85/150
Mサイズ・・・・・・・・・・9/85/150
SIMカード・・・・・・・・・・・・・・13
Sサイズ・・・・・・・・・・14/85/150
Tシャツ・・・・・・・・・・・・82/148
WiFi・・・・・・・・・・・・・・・・・・12

● 著者紹介

武部　洋子（たけべ　ようこ）

東京生まれ。バンドンのパジャジャラン大学留学を経て上智大学文学部新聞学科卒業。1993年からずっとジャカルタに在住、現在はインドネシア国籍を取得している。マンガ『コボちゃん』、小説『源頼朝』、劇画『劇画漂流』などのインドネシア語版の翻訳、エンタテイメント系の直訳、コーディネートなどで活躍。著書に『旅の指さし会話帳・インドネシア』『食べる指さし会話帳・インドネシア』『恋する指さし会話帳・インドネシア語編』（以上、情報センター出版局）があるほか、『現代インドネシアを知るための60章』（明石書店）においても執筆をしている。

カバーデザイン	滝デザイン事務所
カバーイラスト	クボトモコ
本文イラスト	クボトモコ／クリヤセイジ
本文DTP	オッコの木スタジオ
カラー口絵	土岐 晋二（d-fractal）
校正協力	Sri Budi Lestari
ナレーション協力	ディップタ・マハルディカ（Dipta Mahardhika）
	ノフリアナ・デウィ（Novriana Dewi）
	都 さゆり
音声録音・編集	財団法人 英語教育協議会（ELEC）
CD制作	高速録音株式会社
写真提供	インドネシア共和国観光クリエイティブエコノミー省
	Nao Nishimiya / sribudilestari

単語でカンタン！ 旅行インドネシア語会話

平成26年（2014年）7月10日　初版第1刷発行
平成29年（2017年）10月10日　　　　第2刷発行

著　者　武部 洋子
発行人　福田 富与
発行所　有限会社　Jリサーチ出版
　　　　〒166-0002　東京都杉並区高円寺北 2-29-14-705
　　　　電　話 03(6808)8801(代)　FAX 03(5364)5310
　　　　編集部 03(6808)8806
　　　　http://www.jresearch.co.jp
印刷所　株式会社　シナノ パブリッシング プレス

ISBN978-4-86392-194-8　禁無断転載。なお、乱丁・落丁はお取り替えいたします。
© 2014 Yoko Takebe, All rights reserved.